M+H×M

Méthode
Heuristique
Mathématiques

Mon Cahier de leçons

Leçon 1

Ajouter 9

Je sais ajouter 9 à un nombre.

Pour faire + 9, je fais + 10 puis – 1.

33 + 9 = 42

+ 10 – 1

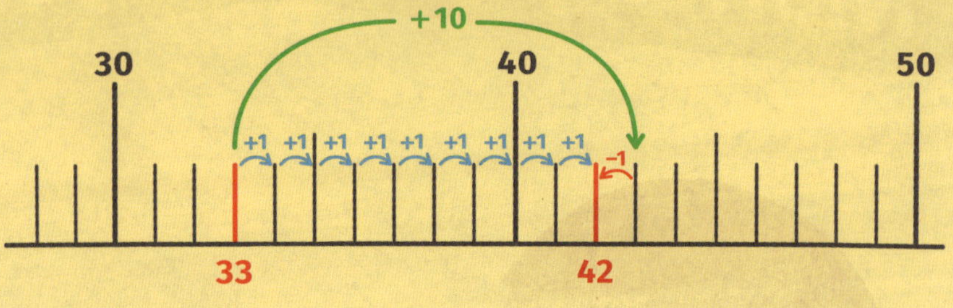

EXEMPLES

54 + 9 = ...

33 + 9 = ...

19 + 9 = ...

147 + 9 = ...

Leçon 2 La multiplication

Je comprends le signe ×.

- La **multiplication** est l'opération que l'on fait quand on additionne toujours le même nombre.

$$5 \times 6 = 6 + 6 + 6 + 6 + 6$$
$$5 \times 6 = 30$$

On utilise le signe × qui se lit « fois » ou « multiplié par ».

$$5 \times 6$$

se lit « 5 **fois** 6 » ou « 5 **multiplié par** 6 »

- On sait aussi que :

$$5 \times 6 = 6 \times 5$$

EXEMPLE

$3 \times 7 = 7 + 7 + 7$

$3 \times 7 = 3 + 3 + 3 + 3 + 3 + 3 + 3$

$3 \times 7 = 21$

Leçons animées

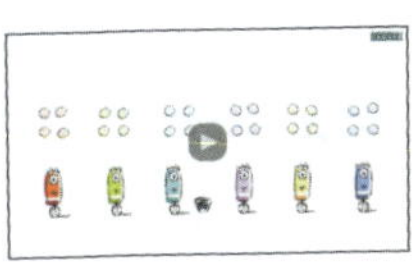

https://huit.re/CE2Lecon2a

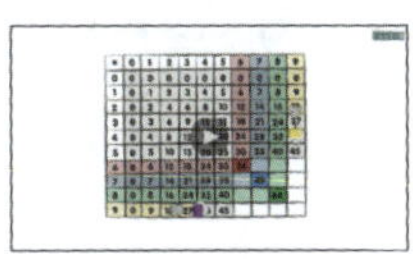

https://huit.re/CE2Lecon2b

Les tables de multiplication

Table de 2	Table de 3	Table de 4	Table de 5
$2 \times 1 = 2$	$3 \times 1 = 3$	$4 \times 1 = 4$	$5 \times 1 = 5$
$2 \times 2 = 4$	$3 \times 2 = 6$	$4 \times 2 = 8$	$5 \times 2 = 10$
$2 \times 3 = 6$	$3 \times 3 = 9$	$4 \times 3 = 12$	$5 \times 3 = 15$
$2 \times 4 = 8$	$3 \times 4 = 12$	$4 \times 4 = 16$	$5 \times 4 = 20$
$2 \times 5 = 10$	$3 \times 5 = 15$	$4 \times 5 = 20$	$5 \times 5 = 25$
$2 \times 6 = 12$	$3 \times 6 = 18$	$4 \times 6 = 24$	$5 \times 6 = 30$
$2 \times 7 = 14$	$3 \times 7 = 21$	$4 \times 7 = 28$	$5 \times 7 = 35$
$2 \times 8 = 16$	$3 \times 8 = 24$	$4 \times 8 = 32$	$5 \times 8 = 40$
$2 \times 9 = 18$	$3 \times 9 = 27$	$4 \times 9 = 36$	$5 \times 9 = 45$
$2 \times 10 = 20$	$3 \times 10 = 30$	$4 \times 10 = 40$	$5 \times 10 = 50$

Comme on sait que $6 \times 5 = 5 \times 6$, je n'ai pas tout à apprendre pour les autres tables.

Table de 6	Table de 7	Table de 8	Table de 9
$6 \times 6 = 36$			
$6 \times 7 = 42$	$7 \times 7 = 49$		
$6 \times 8 = 48$	$7 \times 8 = 56$	$8 \times 8 = 64$	
$6 \times 9 = 54$	$7 \times 9 = 63$	$8 \times 9 = 72$	$9 \times 9 = 81$
$6 \times 10 = 60$	$7 \times 10 = 70$	$8 \times 10 = 80$	$9 \times 10 = 90$

Leçon 3 L'addition posée

Je sais poser une addition.

	7	8
+	2	4

J'ajoute d'abord les unités.

8 + 4 = 12

	$\overset{1}{7}$	8
+	2	4
		2

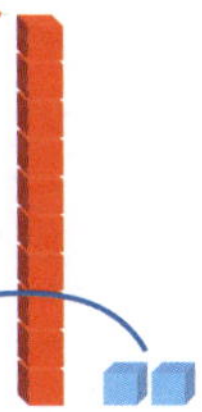

1 2

La dizaine devient une retenue.
Les unités sont placées sous le trait.

	$\overset{1}{7}$	8
+	2	4
1	0	2

J'ajoute ensuite les dizaines, en comptant la retenue.

1 + 7 + 2 = 10

Leçons animées

Additionner deux nombres inférieurs à 100 avec retenue.
© Réseau Canopé

https://huit.re/CE2Lecon3a

Addition à trous de deux nombres inférieurs à 100 avec retenue.
© Réseau Canopé

https://huit.re/CE2Lecon3b

Leçon 4

Les nombres en lettres

J'écris les nombres en lettres.

1 : un

2 : deux

3 : trois

4 : quatre

5 : cinq

6 : six

7 : sept

8 : huit

9 : neuf

10 : dix

11 : onze

12 : douze

13 : treize

14 : quatorze

15 : quinze

16 : seize

20 : vingt

30 : trente

40 : quarante

50 : cinquante

60 : soixante

100 : cent

Quand j'écris un nombre en lettres, je mets un tiret entre chaque mot.

EXEMPLE

21 s'écrit **vingt-et-un**.

Leçon 5

La soustraction posée

Je sais poser et calculer une soustraction.

	7	4
−	2	8

Je commence par les unités.
J'ai 4 unités et je veux en enlever 8.
Je ne peux pas le faire.

	6	
	~~7~~	1 4
−	2	8
		6

Je prends 1 dizaine aux 7 dizaines.
Je la casse en 10 unités et je la donne aux unités. Donc j'ai 14 unités.

$14 - 8 = 6$

	6	
	~~7~~	1 4
−	2	8
	4	6

Je passe ensuite aux dizaines.

$6 - 2 = 4$

Leçon animée

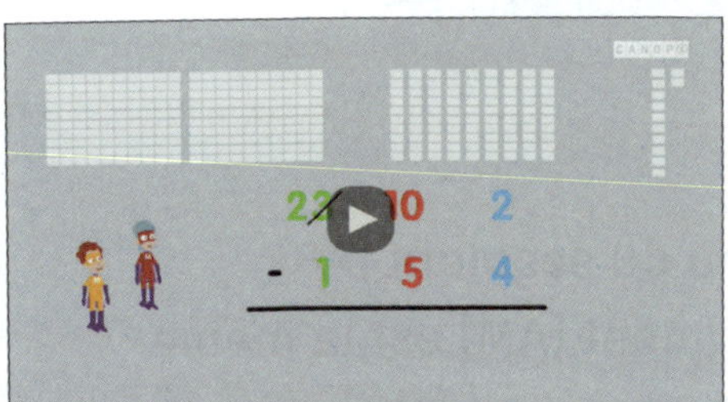

https://huit.re/CE2Lecon5

Leçon 6

Alignement et milieu

Je sais reconnaitre des points alignés.

Pour savoir si des points sont alignés,on utilise une **règle**.

Si tous les points sont le long de la règle, les points sont **alignés**.

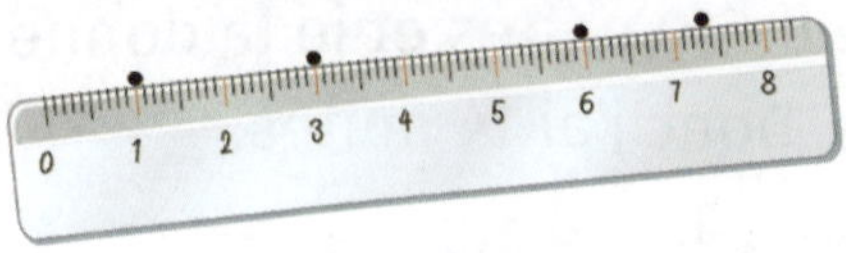

Si un point n'est pas le long de la règle, les points **ne sont pas alignés**.

Je sais identifier et placer le milieu d'un segment.

Le milieu d'un segment est le point situé exactement **à la même distance des deux extrémités d'un segment.** Il partage le segment **en deux parties égales.**

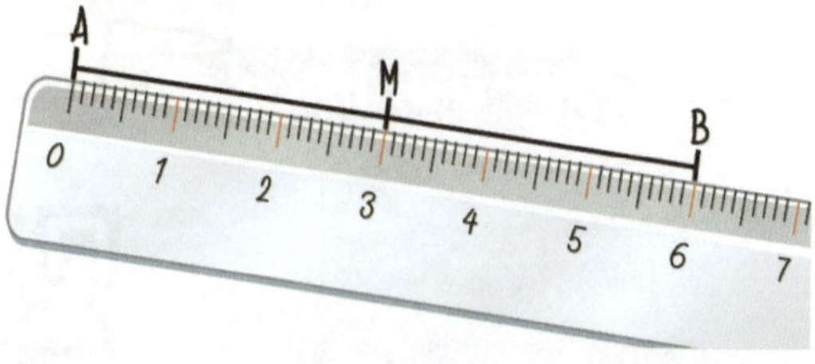

M est le **milieu** du segment [AB]
La longueur du segment [AM] est la même que celle du segment [MB].

Leçon 7 Les unités de mesure

Je connais les unités de mesure.

Selon ce qu'on veut mesurer, on utilise des unités de mesure différentes.

Unités de mesure de longueur						
kilomètre (km)	hectomètre (hm)	décamètre (dam)	**mètre** (m)	décimètre (dm)	**centimètre** (cm)	millimètre (mm)

Unités de mesure de masse						
kilogramme (kg)	hectogramme (hg)	décagramme (dag)	**gramme** (g)	décigramme (dg)	centigramme (cg)	milligramme (mg)

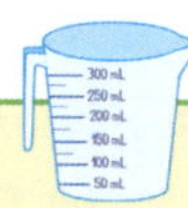

Unités de mesure de contenance						
	hectolitre (hl)	décalitre (dal)	**litre** (l)	décilitre (dl)	centilitre (cl)	**millilitre** (ml)

Leçons animées

Mesurer des masses
© Réseau Canopé

https://huit.re/CE2Lecon7a

Des ordres de grandeur entre le kg et le g
© Réseau Canopé

https://huit.re/CE2Lecon7b

Leçon 8

Les décompositions de 100

Je connais les décompositions de 100.

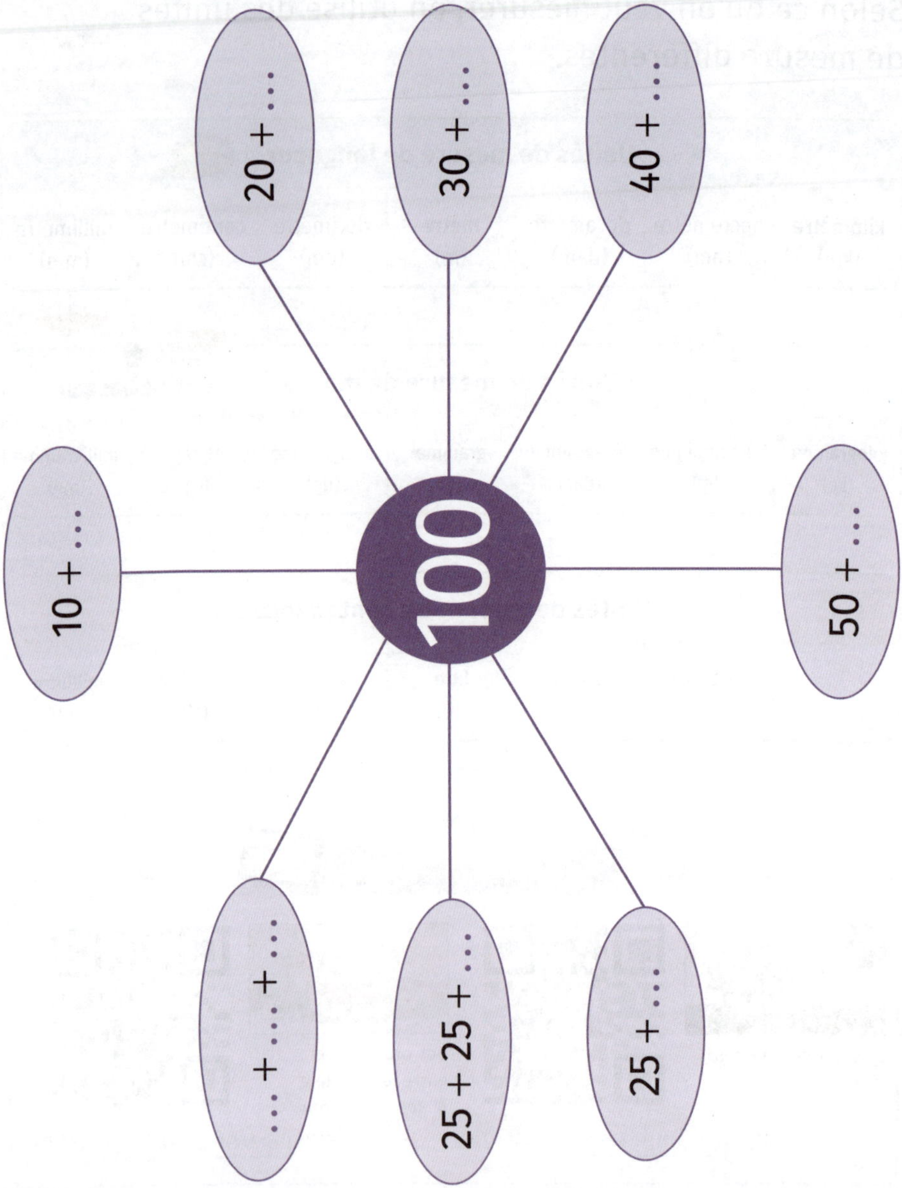

Leçon 9 Les décompositions de 90

Je connais les décompositions de 90.

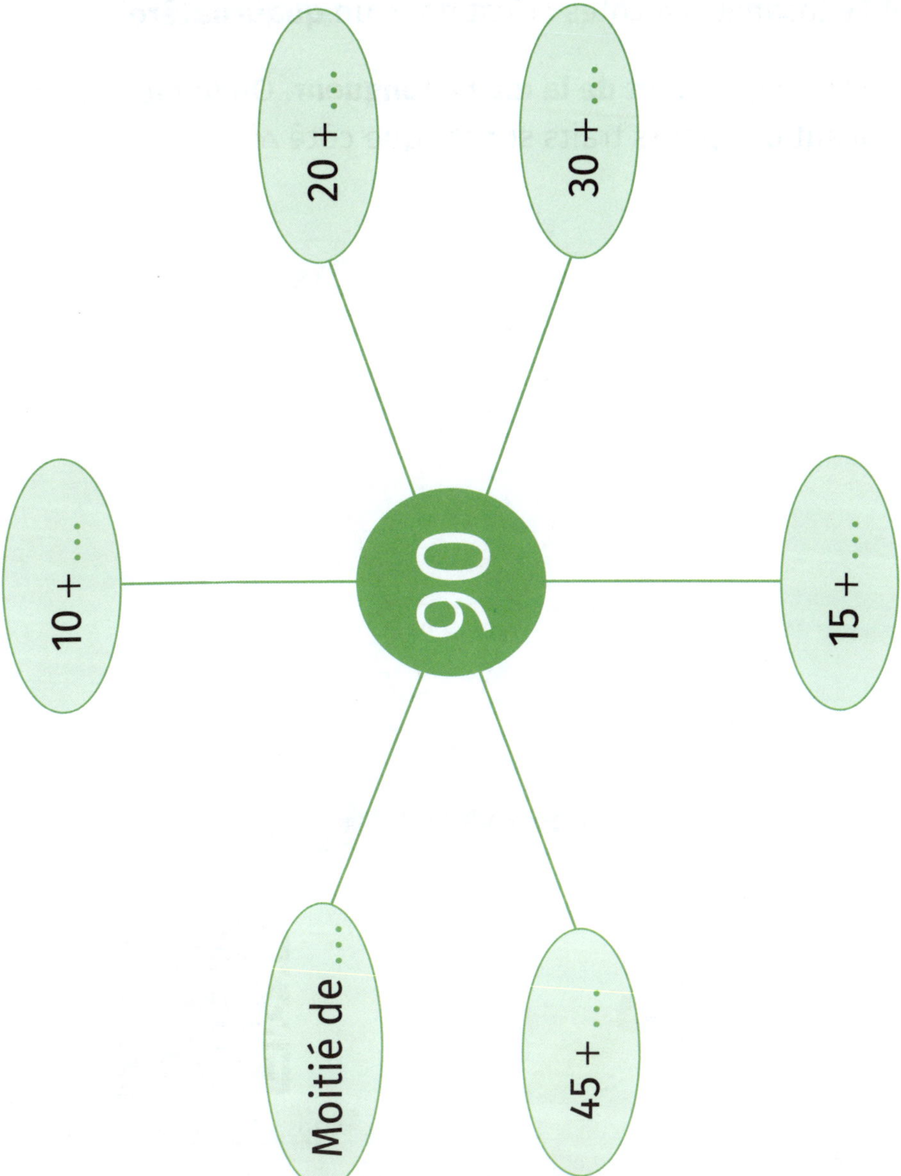

Leçon 10

Le losange

Je sais reconnaitre un losange.

- Le losange a 4 côtés : c'est donc un **quadrilatère**.

- Ses 4 côtés sont **de la même longueur**. On le montre en traçant des petits traits sur chaque côté //.

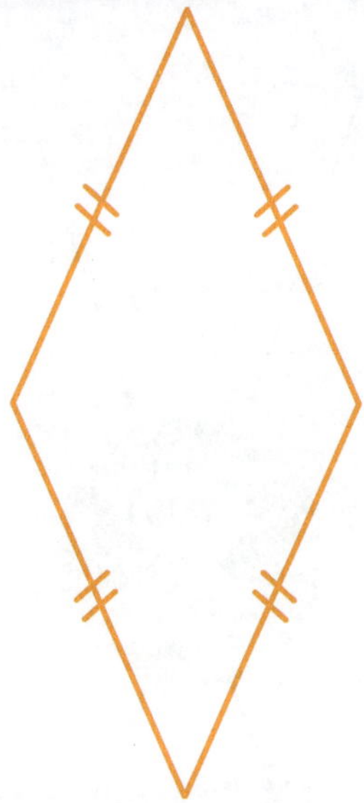

Leçon animée

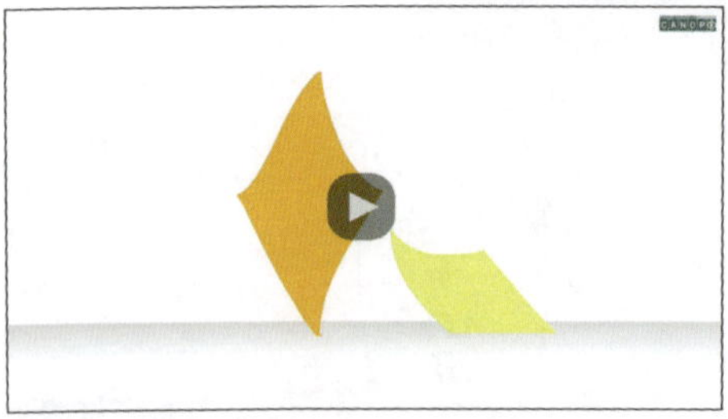

https://huit.re/CE2Lecon10

Leçon 11

La table de Pythagore

×	1	2	3	4	5	6	7	8	9	10
1	**1**	2	3	4	5	6	7	8	9	10
2	2	**4**	6	8	10	12	14	16	18	20
3	3	6	**9**	12	15	18	21	24	27	30
4	4	8	12	**16**	20	24	28	32	36	40
5	5	10	15	20	**25**	30	35	40	45	50
6	6	12	18	24	30	**36**	42	48	54	60
7	7	14	21	28	35	42	**49**	56	63	70
8	8	16	24	32	40	48	56	**64**	72	80
9	9	18	27	36	45	54	63	72	**81**	90
10	10	20	30	40	50	60	70	80	90	**100**

Je sais utiliser la table de Pythagore.

×	1	2	3	4	5
1	**1**	2	3	4	5
2	2	**4**	6	8	10
3	3	6	**9**	12	15
4	4	8	12	**16**	20

$4 \times 5 = 20$

JE M'ENTRAINE

$3 \times 4 = \dots$　　$4 \times \dots = 28$　　$\dots \times \dots = 28$　　$\dots \times \dots = 32$

Leçon 12

Les décompositions de 1 000

Je connais les décompositions de 1 000.

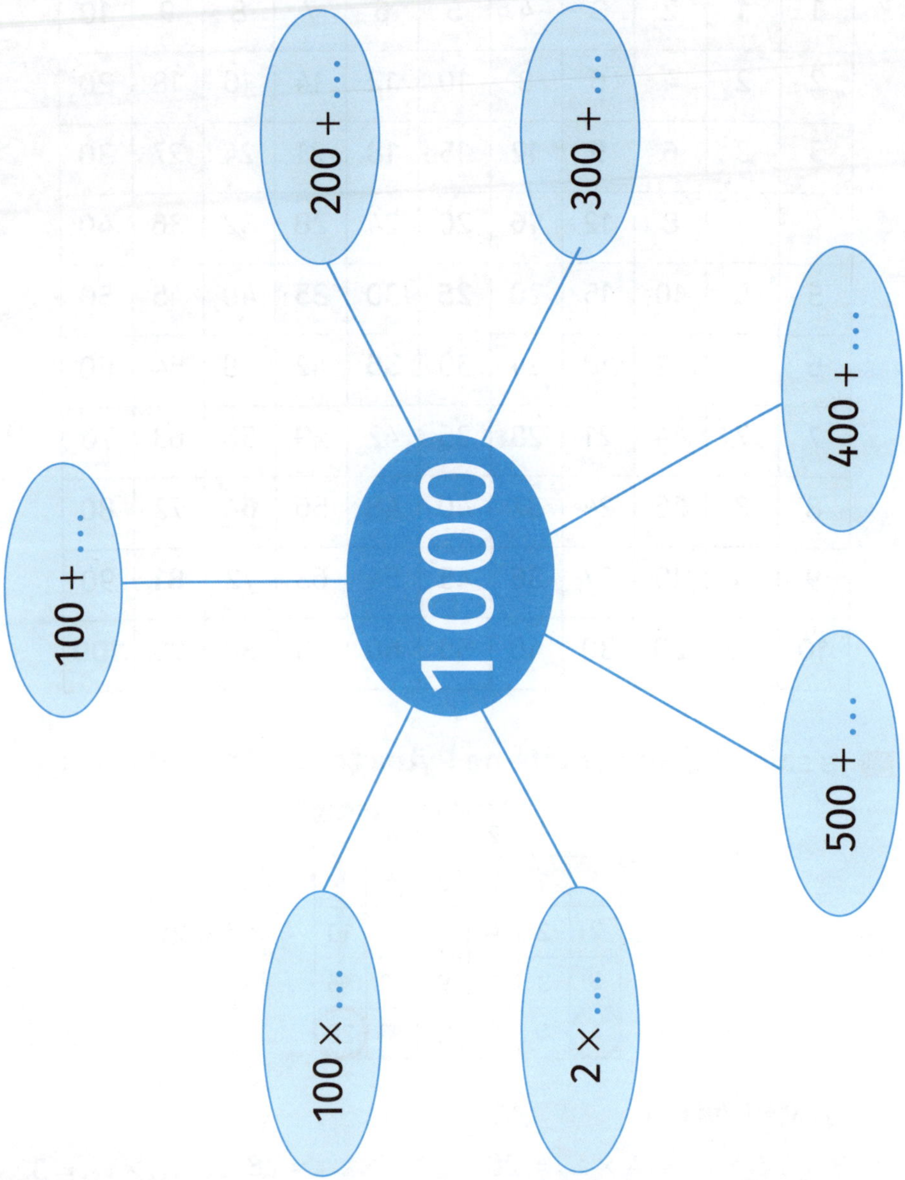

Leçon 13 Multiplier par 10

Je sais multiplier par 10.

- Quand je multiplie un nombre par 10, c'est comme multiplier par 1 dizaine. Donc le nombre a 10 fois plus d'unités, 10 fois plus de dizaines, 10 fois plus de centaines...

Quand on multiplie un nombre par 10, cela signifie qu'on donne à chaque chiffre une valeur 10 fois plus grande.

EXEMPLE 24×10

J'écris 24 dans le tableau.
Si j'ai 10 fois plus d'unités, le chiffre des unités glisse dans les dizaines et le chiffre des dizaines glisse dans les centaines.
Donc $24 \times 10 = 240$.

C	D	U
← × 10	2 ← × 10	4

C	D	U
2	4	0

Leçon animée

https://huit.re/CE2Lecon13

Leçon 14

La multiplication posée

Je comprends la multiplication.

- Calculer 62 × 45, c'est compter le nombre de carreaux dans un quadrillage de 62 colonnes et de 45 lignes.

On peut compter en deux fois :

$$62 \times 40 + 62 \times 5$$

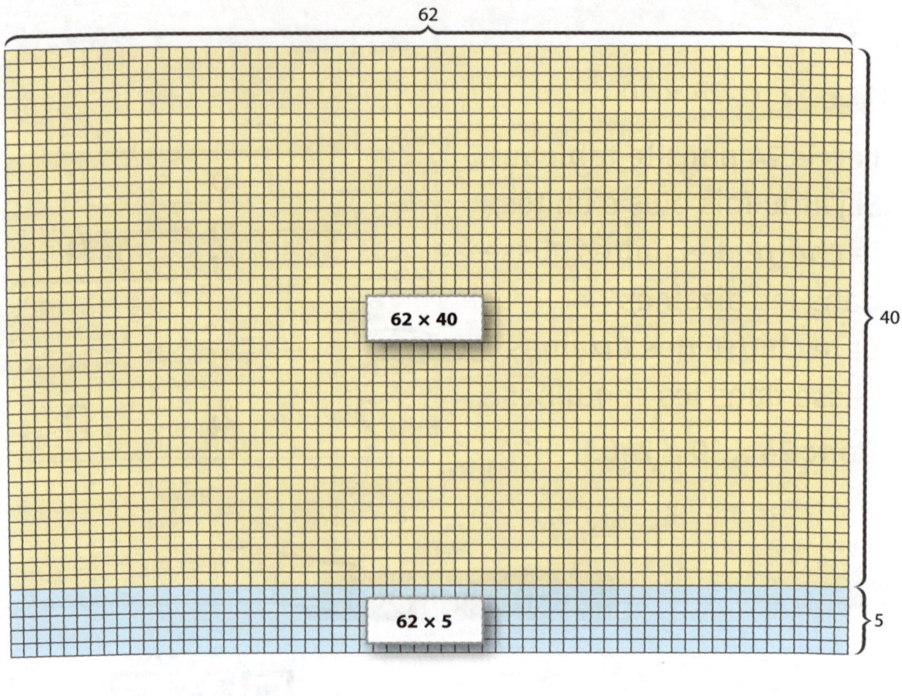

Je sais poser et calculer une multiplication.

		1	
		6	2
	×	4	5
	3	1	0

Je commence d'abord par 5 × 62.
5 × 2 = 10 (je mets la retenue avec les dizaines et le 0 sous le trait d'opération).
Puis, je calcule 5 × 6 = 30 et j'ajoute la retenue : 30 + 1 = 31.
Sous le trait, j'écris 31.

		1	
		6	2
	×	4	5
	3	1	0
2	4	8	0

Je multiplie ensuite 62 × 40, c'est-à-dire 62 × 4 dizaines.
Donc je mets un 0 dans la colonne des unités, puis j'effectue 62 × 4.

62 × 4 = 248

		1	
		6	2
	×	4	5
	3	1	0
+ 2	4	8	0
2	**7**	**9**	**0**

J'additionne ensuite les deux quantités pour avoir le **résultat final**.

Leçons animées

Poser une multiplication à 1 chiffre
© Réseau Canopé

https://huit.re/CE2Lecon14a

Multiplier par un nombre à 2 chiffres
© Réseau Canopé

https://huit.re/CE2Lecon14b

Leçon 15 Les solides

Je sais reconnaitre les solides qui ne roulent pas.

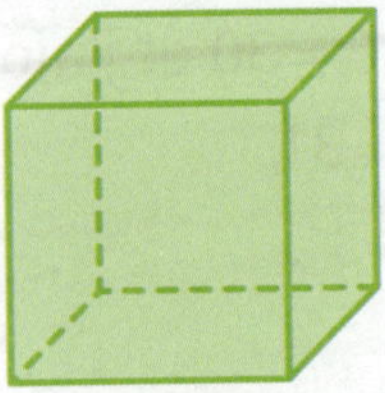

cube

pavé

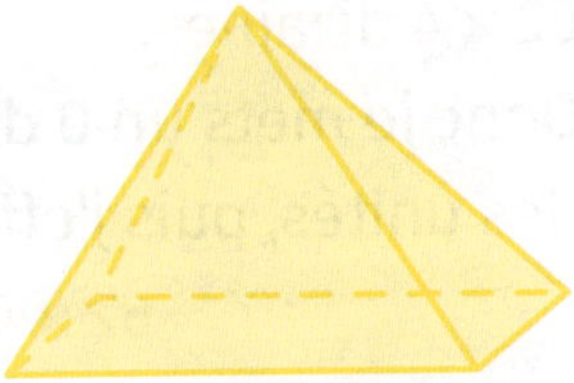

pyramide

Je sais reconnaitre les solides qui roulent.

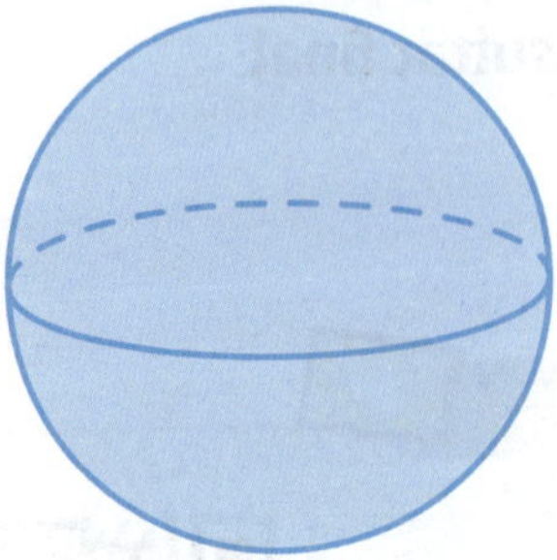

boule ou sphère

cylindre

Je connais le vocabulaire des solides.

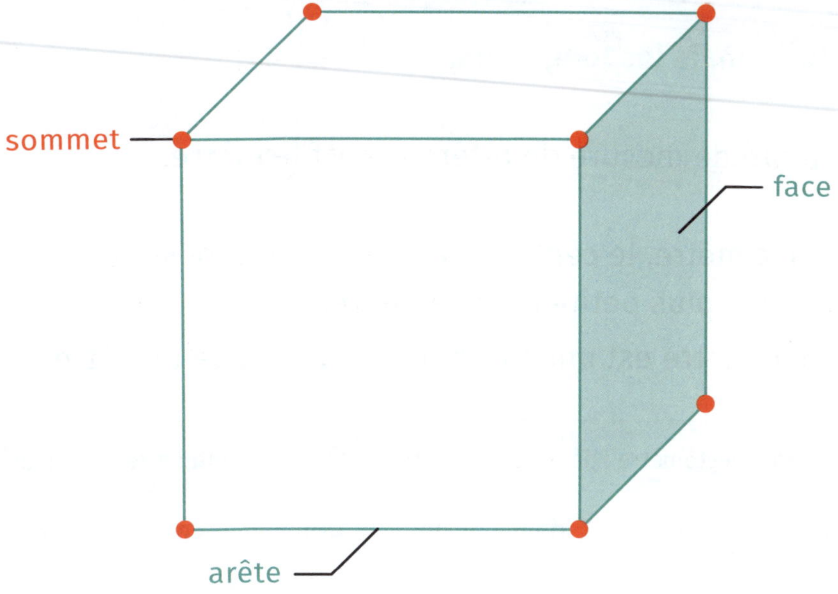

Leçons animées

Décrire le pavé droit
© Réseau Canopé

https://huit.re/CE2Lecon15a

Reconnaitre et décrire le cube
© Réseau Canopé

https://huit.re/CE2Lecon15b

Tracer un patron de cube
© Réseau Canopé

https://huit.re/CE2Lecon15c

Leçon 16
Les mesures

Je connais les longueurs.

L'unité de mesure de référence est le **mètre**.

- Le décimètre, le centimètre et le millimètre sont des unités plus petites que le mètre.
- Le kilomètre est une unité plus grande que le mètre.

kilomètre	hectomètre	décamètre	mètre	décimètre	centimètre	millimètre
km	**hm**	**dam**	**m**	**dm**	**cm**	**mm**

Je connais les règles de conversion.

1 cm = 10 mm

1 m = 100 cm

1 dm = 10 cm

1 km = 1 000 m

Leçons animées

Convertir du m au mm avec des entiers
© Réseau Canopé

https://huit.re/CE2Lecon16a

Convertir du km au m avec des entiers
© Réseau Canopé

https://huit.re/CE2Lecon16b

Je connais les durées.

- Dans une année, il y a 12 mois.
  Dans une année, il y a 365 jours.

- Pour les durées courtes, les trois unités utilisées sont :

L'heure : **h**
La minute : **min**
La seconde : **s**

Je connais les règles de conversion.

Dans un **jour**, il y a 24 **heures**.

Dans une **heure**, il y a 60 **minutes**

Dans une **minute**, il y a 60 **secondes**.

Une demi-heure, c'est 30 minutes.

Un quart d'heure, c'est 15 minutes.

Leçon animée

Estimer des durées

https://huit.re/CE2Lecon16c

Leçon 17 La division

Je comprends ce qu'est la division.

La division est une opération. Elle permet de partager ou de grouper.

- Je l'utilise si je fais un partage et que je cherche le nombre de parts.

EXEMPLE

J'ai 12 bonbons et je prépare des sacs de 4 bonbons. Combien vais-je remplir de sacs ?

- Je l'utilise si je fais un partage et que je cherche la valeur de chaque part.

EXEMPLE

J'ai 12 bonbons et je veux en donner de façon équitable à 4 enfants. Combien chaque enfant recevra de bonbons ?

Leçon animée

De la soustraction à la division
© Réseau Canopé

https://huit.re/CE2Lecon17a

Je sais faire une division et je connais le vocabulaire.

Dans chaque exemple de la page précédente, la réponse est 3.

Cela s'écrit **12 : 4** = **3**
« 12 divisé par 4 est égal à **3** »

Le résultat de la division s'appelle le **quotient**.

Mais, il arrive qu'on ne puisse pas tout partager.

EXEMPLE

Si j'ai 13 bonbons à partager entre 5 personnes, alors chaque personne reçoit 2 bonbons et il en restera 3.

Dans ce cas, la division de 13 par 5 s'écrit sous la forme :

$$\mathbf{13} = \mathbf{5} \times \mathbf{2} + \mathbf{3}$$

2 est le **quotient**

Ce qu'on n'a pas pu partager s'appelle le **reste**.

Leçons animées

Diviser : nombre de parts
© Réseau Canopé

https://huit.re/CE2Lecon17b

Diviser : valeur d'une part
© Réseau Canopé

https://huit.re/CE2Lecon17c

M.H.M Méthode Heuristique Mathématiques

Enseigner les mathématiques **autrement !**

- Une méthode qui développe la **curiosité mathématique** et respecte le rythme de chaque élève.
- Des situations mathématiques ancrées sur la manipulation et le jeu qui donnent du **sens aux apprentissages**.
- Des mini-fichiers et un cahier de leçons qui favorisent le **travail en autonomie** des élèves tout au long de l'année.

Mes Mini-fichiers du CP au CM2

→ Pour en savoir plus :
methodeheuristique.com et editions.nathan.fr

ISBN : 978-209-124981-0
9 782091 249810

Nathan

Prénom : ....

LE TRACEUR ★★★

1 2 3 4 5

6 7 8 9 10

11

Comment tracer ?

1 Je place ma règle juste sur les deux points. Parfois, c'est plus facile de tourner la feuille !

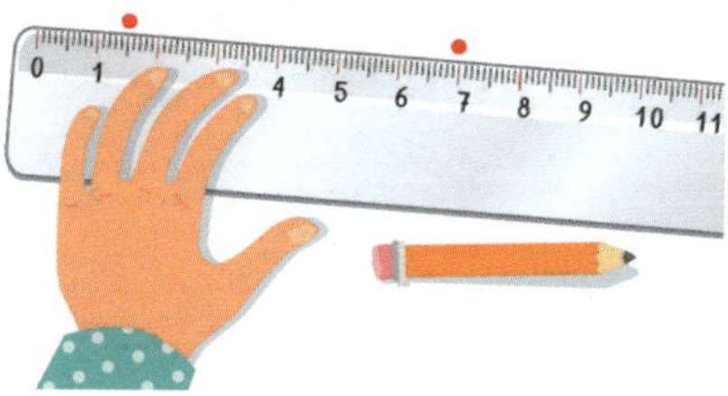

2 Je trace le trait en faisant attention de ne pas bouger.
Mes yeux doivent regarder le point d'arrivée.

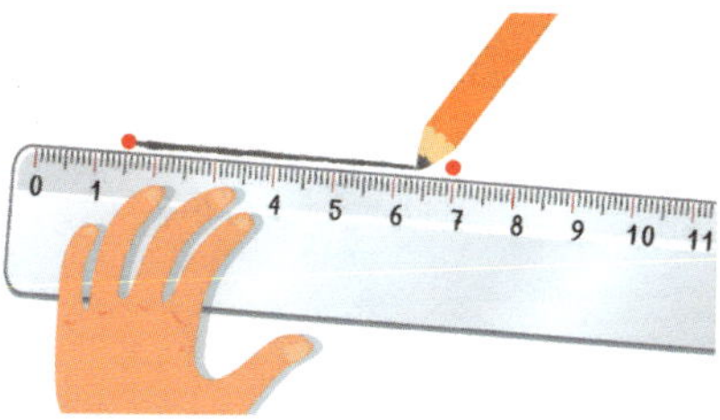

LE TRACEUR 1

Repasse sur les traits en pointillés.

LE TRACEUR ★★★

2

Repasse sur les traits en pointillés.

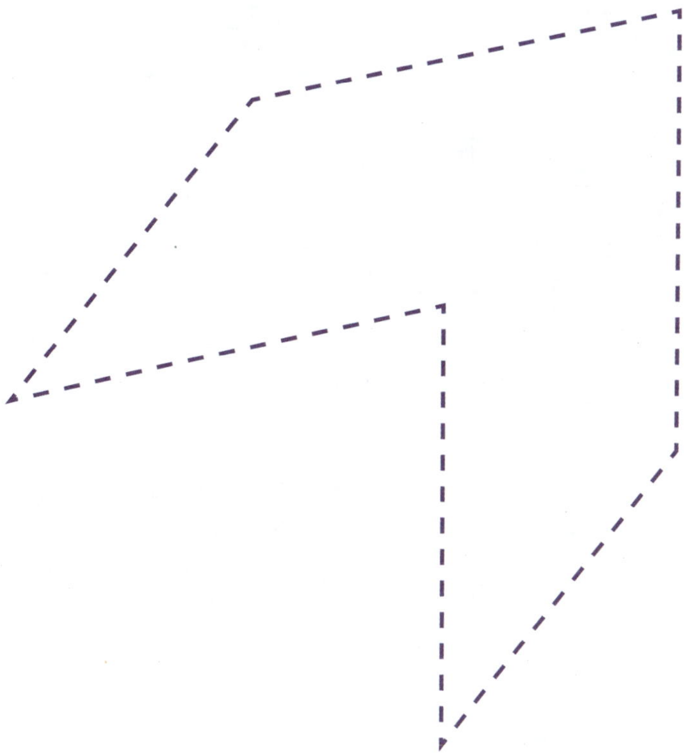

LE TRACEUR ★★★

3

Relie les points pour terminer la figure.

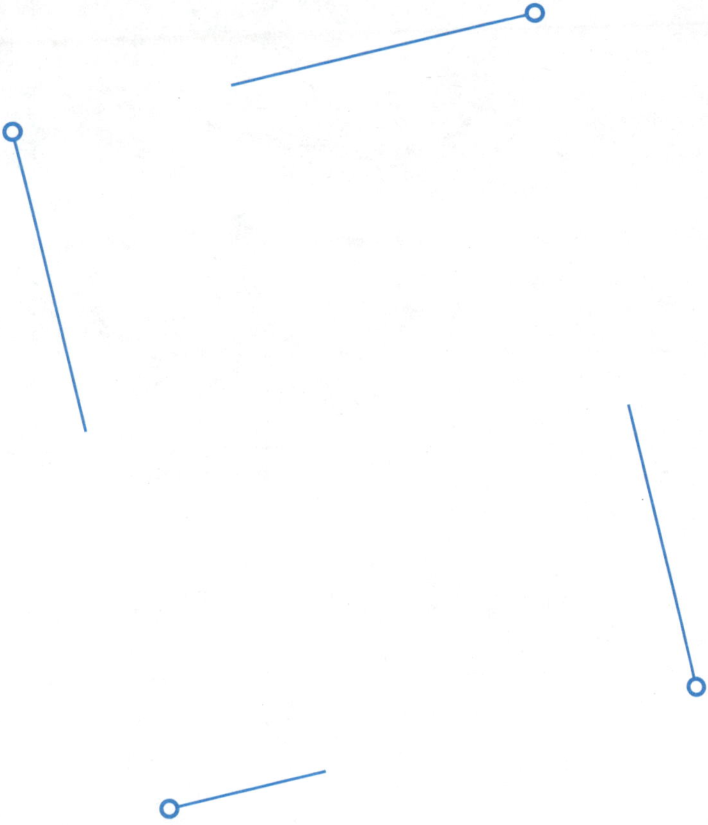

LE TRACEUR ★★★

4

Repasse sur les traits en pointillés.

LE TRACEUR ★★★

5

Relie les points pour terminer la figure.

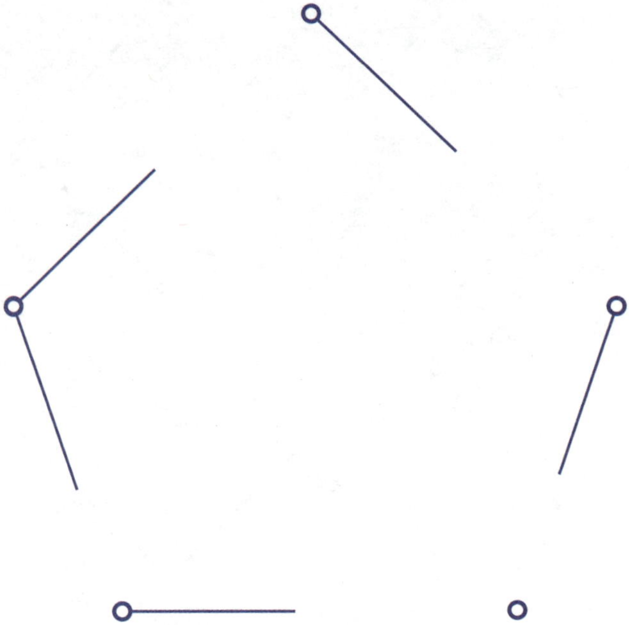

LE TRACEUR ★★★

6

Repasse sur les traits en pointillés.

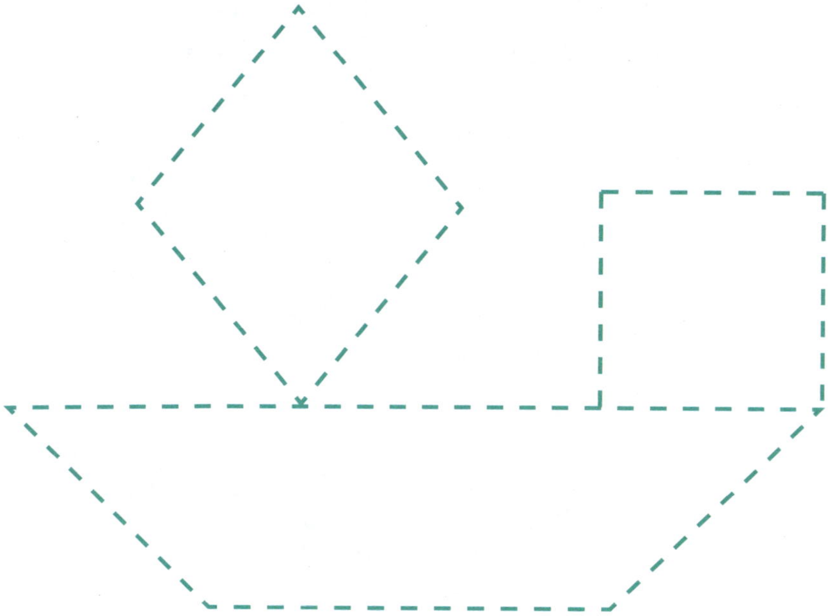

LE TRACEUR ★★★

7

Repasse sur les traits en pointillés.

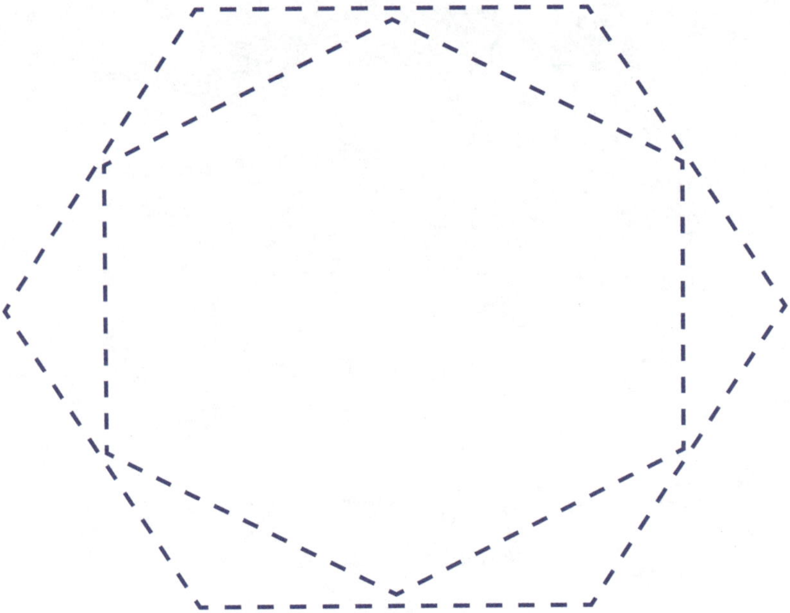

LE TRACEUR ★★★

8

Repasse sur les traits en pointillés.

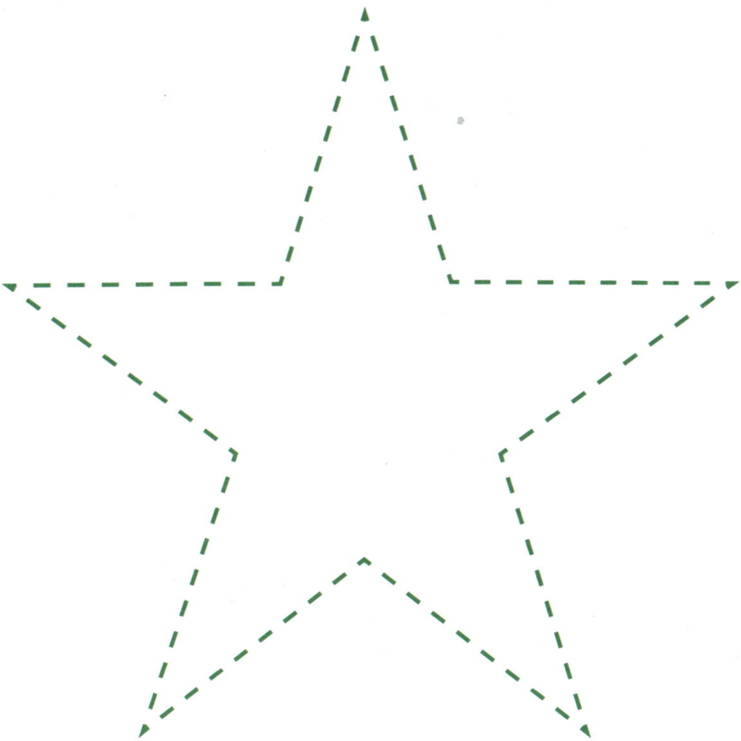

LE TRACEUR ★★★

9

Repasse sur les traits en pointillés.

LE TRACEUR ★★★ 10

Repasse sur les traits en pointillés.

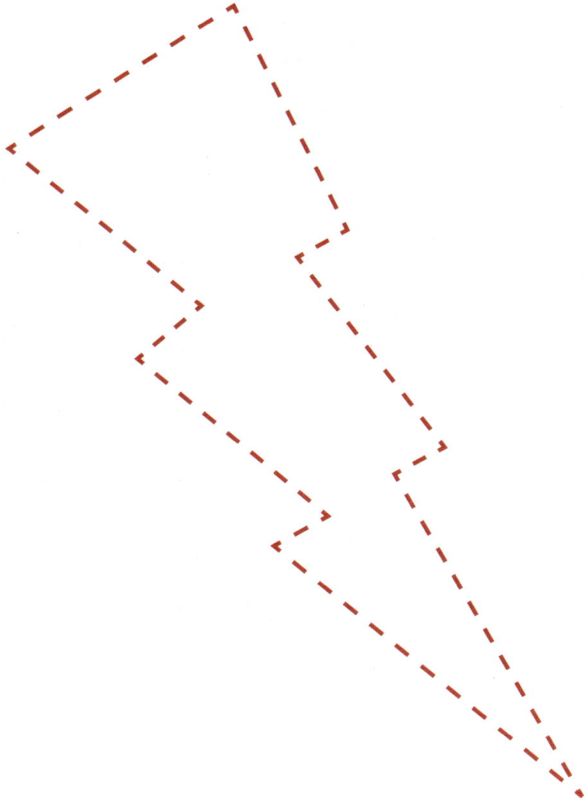

LE TRACEUR ★★★ 11

Relie les points à la règle, en suivant l'ordre alphabétique.

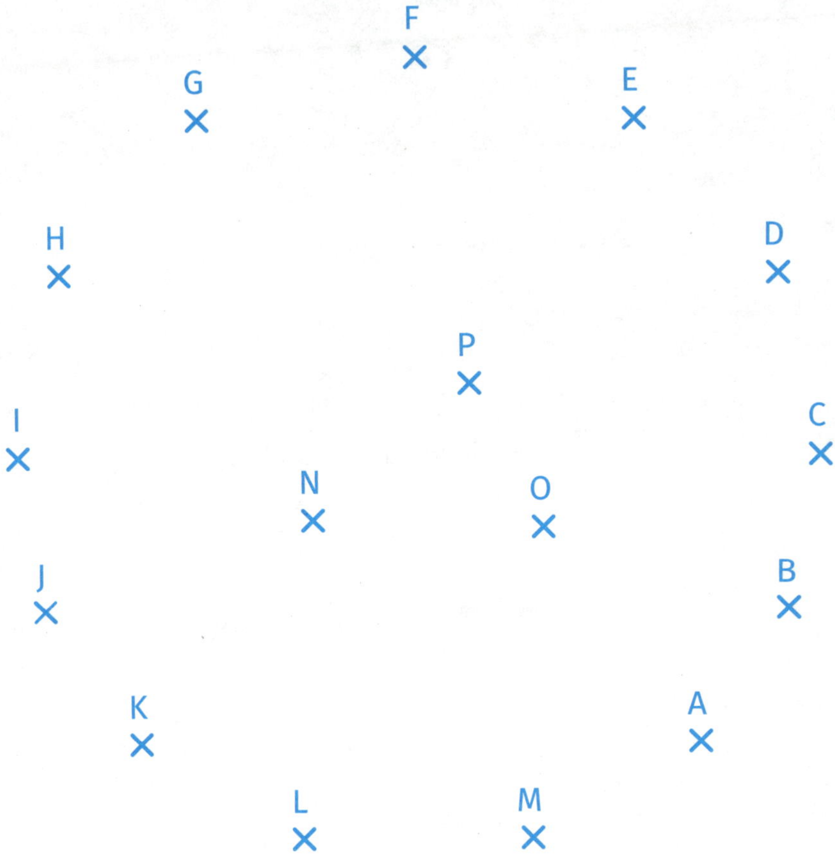

Prénom : ....

PROBLÈMES (1)

1	2	3	4	5
6	7	8	9	10
11	12	13	14	15
16	17	18	19	20
21	22	23	24	25
26	27	28		

Comment résoudre un problème ?

1 Je lis d'abord la question (en **gras**). Je lis le texte du problème. C'est comme une histoire.

2 Je me raconte l'histoire et j'essaie de comprendre ce qui se passe. Je peux m'aider du matériel de la **boite à problèmes**.

3 Quand j'ai bien compris ce qui se passe, je peux faire un dessin, écrire… pour trouver la réponse à la question.

4 Je peux alors écrire l'opération qui correspond à mon dessin puis répondre à la question en faisant une phrase.

PROBLÈMES (1) ★★★ 1

Les élèves ont rangé les 47 ballons dans le gymnase. L'école en achète 18 nouveaux.

Combien de ballons y a-t-il au total ?

PROBLÈMES (1) ★★★ 2

Lucie a joué aux billes avec Vadim. Elle a perdu 25 billes. Maintenant, il lui reste 19 billes.

Combien de billes avait-elle au départ ?

PROBLÈMES (1) ★★★ 3

J'ai mélangé mes 12 images préférées avec les 15 images que ma sœur m'a données.

Combien d'images ai-je au total ?

PROBLÈMES (1) ★★★ 4

Il y a 6 élèves autour d'une table.

La maitresse distribue 3 jetons à chaque élève.

Combien de jetons distribue-t-elle en tout ?

PROBLÈMES (1) — 5

Le documentaliste a 24 livres. Il les distribue à un groupe d'élèves. Chaque élève reçoit 3 livres.

Combien d'élèves y a-t-il dans ce groupe ?

PROBLÈMES (1) — 6

Samia a apporté 43 bonbons pour son anniversaire. Ses amis ont mangé 25 bonbons.

Combien de bonbons reste-t-il ?

PROBLÈMES (1) ★★★ 7

En revenant de vacances, mamie découvre qu'il y a 13 nouvelles tomates dans le jardin. Cela lui en fait 61 au total.

Combien de tomates y avait-il avant ses vacances ?

PROBLÈMES (1) ★★★ 8

Enzo et Antoine sont frères. Enzo a 19 billes et Antoine en a 24. Ils mettent leurs billes ensemble pour tout donner à Jérémy, leur petit frère.

Combien de billes Jérémy reçoit-il ?

PROBLÈMES (1) ★★★

9

Papy a planté 4 rangées de 5 tulipes chacune.

Combien de tulipes ont été plantées ?

PROBLÈMES (1) ★★★

10

28 oiseaux sont placés dans des cages par groupes de 4.

Combien de cages faut-il ?

PROBLÈMES (1) ★★★ 11

Dans son jardin, papy a déjà 18 arbres fruitiers.
Il en plante 7 nouveaux.
Combien d'arbres fruitiers y a-t-il au total ?

PROBLÈMES (1) ★★★ 12

L'équipe de France de handball a marqué 12 buts lors de la deuxième mi-temps. Elle finit le match avec 29 points.
Combien de points avait-elle marqués lors de la première mi-temps ?

PROBLÈMES (1) ★★★

13

Pour faire son jus multifruits, Dina a mixé 4 oranges, 7 clémentines et 3 pamplemousses.

Combien de fruits a-t-elle utilisés ?

PROBLÈMES (1) ★★★

14

Papa vide trois petits sachets de croquettes dans la gamelle du chien. Chaque sachet contient 11 croquettes.

Combien de croquettes y a-t-il au total dans la gamelle ?

PROBLÈMES (1) ★★★

15

La maman de Paul a acheté 36 bonbons.
Elle veut faire des paquets de 4 bonbons.
Combien de paquets va-t-elle pouvoir faire ?

PROBLÈMES (1) ★★★

16

L’école Marie Curie compte 154 enfants.
Une classe de 27 élèves est partie en sortie.
Combien d’enfants reste-t-il à l’école ?

PROBLÈMES (1) ★★★ 17

Pour le rallye de mathématiques, les élèves ont répondu à deux exercices. L'exercice 2 a rapporté 120 points. Au total, les élèves ont gagné 185 points.

Combien de points leur a rapporté l'exercice 1 ?

PROBLÈMES (1) ★★★ 18

Les élèves de CE2 rangent les crayons de la classe. Ils ont trouvé 18 crayons dans un bocal et 34 crayons dans un tiroir.

Combien de crayons y a-t-il au total ?

PROBLÈMES (1) ★★★

19

Mahé colle des autocollants dans son album.
Sur chaque page, il colle 6 autocollants.
Il a rempli 4 pages.
Combien d'autocollants a-t-il collés ?

PROBLÈMES (1) ★★★

20

Louise a 120 €. Elle veut acheter des paquets de gâteaux à 6 €.
Combien de paquets peut-elle acheter ?

PROBLÈMES (1) ★★★

21

Gabriel prépare de la compote de pommes pour le diner. Il a acheté 14 pommes, mais il pense que ce n'est pas assez. Il va en cueillir 7 de plus dans le verger.

Combien de pommes aura-t-il au total ?

PROBLÈMES (1) ★★★

22

À la récréation, la directrice a coupé des parts de gâteau pour la fête de l'école. Pendant le gouter, 38 parts ont été mangées. Il en reste 113.

Combien de parts y avait-il au départ ?

PROBLÈMES (1) ★★★ 23

La directrice compte les élèves des trois classes : une classe de CP/CE1 avec 21 élèves, une classe de CE2 avec 28 élèves et enfin une classe de CM1/CM2 avec 24 élèves.

Combien d'élèves compte l'école ? Combien d'adultes ?

PROBLÈMES (1) ★★★ 24

Papa range ses billets dans son portefeuille.

Il a 7 billets de 5 euros et 1 billet de 10 euros.

Combien d'argent a-t-il au total ?

PROBLÈMES (1) ★★★ 25

Le maitre fabrique des carnets. Il a 28 feuilles.
Il utilise 4 feuilles pour chaque carnet.
Combien de carnets va-t-il pouvoir fabriquer ?

PROBLÈMES (1) ★★★ 26

Invente un problème, puis **résous**-le.

PROBLÈMES (1) ★★★ 27

Invente un problème, puis **résous**-le.

PROBLÈMES (1) ★★★ 28

Invente un problème, puis **résous**-le.

Prénom : ....

PROBLÈMES (2) ★★★

1	2	3	4	5
6	7	8	9	10
11	12	13	14	15
16	17	18	19	20

Comment résoudre un problème ?

1. Je lis d'abord la question (en **gras**).
Je lis le texte du problème.
C'est comme une histoire.

2. Je me raconte l'histoire et j'essaie de comprendre ce qui se passe. Je peux m'aider du matériel de la **boite à problèmes**.

3. Quand j'ai bien compris ce qui se passe, je peux faire un dessin, écrire... pour trouver la réponse à la question.

4. Je peux alors écrire l'opération qui correspond à mon dessin puis répondre à la question en faisant une phrase.

PROBLÈMES (2) ★★★ 1

Les enfants préparent 5 gâteaux. Il faut 120 g de farine pour chaque gâteau.

Combien de farine faut-il au total ? Est-ce qu'un kilo de farine va suffire ?

PROBLÈMES (2) ★★★ 2

Pour partir en voyage, Ali et Suzanne ont pris trois valises. La plus grosse pèse 37 kg, la deuxième pèse 29 kg et la plus légère pèse 23 kg.

Quelle est la masse totale des trois valises ?

PROBLÈMES (2) ★★★ 3

Les élèves ont mesuré le tour de la cour de récréation. La cour a une forme de rectangle. Le grand côté fait 56 mètres et le petit côté fait 24 mètres.

Quelle longueur mesure tout le tour de la cour ?

PROBLÈMES (2) ★★★ 4

La piste rose autour du terrain de football fait 400 mètres. Les élèves doivent faire 3 tours.

Est-ce qu'ils vont courir plus d'un kilomètre ?

PROBLÈMES (2) ★★★ 5

Mes cousins ont chacun un chien. Le caniche de Sandro fait 15 kg et le labrador de Lola pèse trois fois plus.

Combien de kilos le labrador pèse-t-il ?

PROBLÈMES (2) ★★★ 6

Maman achète des décorations de Noël : une guirlande à 5 €, des boules pour 3 € et une boite de personnages à 17 €. Elle paie avec un billet de 50 €.

Combien d'argent lui rend le vendeur ?

PROBLÈMES (2) ★★★ 7

Pour aller en vacances, Suzy regarde le GPS de la voiture. La route est longue de 870 km. Quand ils font une pause pour s'arrêter, Suzy et ses parents ont déjà parcouru 190 km.

Quelle distance leur reste-t-il à faire ?

PROBLÈMES (2) ★★★ 8

Les enfants préparent quatre gâteaux. Il faut 120 g de farine pour chaque gâteau. La maitresse leur a déjà donné 200 g.

Combien de farine leur manque-t-il ?

PROBLÈMES (2) ★★★ 9

La semaine dernière, le poissonnier a vendu 50 kg de saumon. Il en a vendu le triple cette semaine.
Quelle masse totale de saumon a-t-il vendue en deux semaines ?

PROBLÈMES (2) ★★★ 10

Le matin, le marchand de légumes a installé 15 kg de carottes, 13 kg de courgettes et 8 kg de brocolis.
À midi, il n'en a vendu que la moitié.
Quelle masse de légumes a-t-il vendue ?

PROBLÈMES (2) ★★★

11

Avec ses économies, Léa achète deux livres : un livre à 5 € 50 et un livre à 6 € 50. Elle donne un billet de 20 € à la vendeuse.

Combien d'argent lui rend la vendeuse ?

PROBLÈMES (2) ★★★

12

Papa a pris le train de 15 h 30 à Paris. Il doit arriver au Havre deux heures et quart plus tard.

À quelle heure va-t-il arriver ?

PROBLÈMES (2) ★★★ 13

Pour coudre des rideaux, Tom a acheté 3 rouleaux de tissu. Chaque rouleau comporte 2 mètres et cinquante centimètres de tissu.

Quelle longueur de tissu a-t-il au total ?

PROBLÈMES (2) ★★★ 14

La famille Dumas part en vacances en Russie.
Ils vont mettre trois jours pour faire la route.
Chaque jour, les parents vont conduire pendant 8 heures et trente minutes.

Combien d'heures le trajet va-t-il durer au total ?

PROBLÈMES (2) ★★★

15

La marchande de fruits a mis en rayon 23 kg de pommes reinettes, 37 kg de pommes Golden et 14 kg de pommes canada. À midi, 36 kg de pommes ont été vendus.
Quelle masse de pommes lui reste-t-il ?

PROBLÈMES (2) ★★★

16

Dans le poulailler, Madame Martin a ramassé 49 œufs.
Combien de boites de 6 œufs peut-elle remplir entièrement ?

PROBLÈMES (2) ★★★ 17

Dans la basse-cour, il y a 59 poules au total.
En regardant dehors, Monsieur Martin n'en compte que 32.
Combien de poules sont cachées dans leur abri ?

PROBLÈMES (2) ★★★ 18

Papa est allé au marché où il a fait 123 € d'achats.
Il revient avec 27 €.
Combien d'argent avait-il pris ?

PROBLÈMES (2) ★★★ 19

Toute la famille a passé la journée à la foire.
Les parents avaient pris 90 €. Le soir, il leur reste 18 €.
Combien ont-ils dépensé à la foire ?

PROBLÈMES (2) ★★★ 20

Léo a fait des courses au marché. Il est parti avec 55 €. Il a acheté 2 paquets de bananes à 4 € chacun, des poires pour 2 €, des asperges pour 6 € et enfin un poulet à 11 €.
Il voit deux pantalons, un à 25 € et un à 29 €.
Lequel peut-il acheter avec l'argent qu'il lui reste ?

Prénom : ....

LE GÉOMÈTRE ★★★

1	2	3	4	5
6	7	8	9	10
11	12	13	14	15

Comment faire ?

1. Je trouve l'objet que je dois mesurer.

2. Je choisis le meilleur instrument pour faire la mesure.
Je coche sur mon fichier.

3. Je mesure et j'écris la mesure de l'objet avec l'unité la plus adaptée.

LE GÉOMÈTRE ★★★ 1

☐  ☐  ☐ 

L'objet **A** mesure :

....

LE GÉOMÈTRE ★★★ 2

☐  ☐  ☐ 

L'objet **B** mesure :

....

LE GÉOMÈTRE ★★★ 3

☐  ☐  ☐ 

L'objet **C** mesure :

....

LE GÉOMÈTRE ★★★ 4

☐  ☐  ☐ 

L'objet **D** mesure :

....

LE GÉOMÈTRE ★★★ 5

☐  ☐  ☐ 

L'objet **E** mesure :

....

LE GÉOMÈTRE ★★★ 6

L'objet **F** mesure :

……………………

LE GÉOMÈTRE ★★★ 7

L'objet **G** mesure :

……………………

LE GÉOMÈTRE ★★★ 8

L'objet **H** mesure :

……………………

LE GÉOMÈTRE ★★★ 9

L'objet **I** mesure :

……………………

LE GÉOMÈTRE ★★★ 10

L'objet **J** mesure :

……………………

LE GÉOMÈTRE ★★★ 11

L'objet **K** mesure : ....

LE GÉOMÈTRE ★★★ 12

L'objet **L** mesure : ....

LE GÉOMÈTRE ★★★ 13

L'objet **M** mesure : ....

LE GÉOMÈTRE ★★★ 14

L'objet **N** mesure : ....

LE GÉOMÈTRE ★★★ 15

L'objet **O** mesure : ....

Prénom : ....

LE NOMBRE JUSTE ★

1 2 3 4 5

6 7 8 9

Comment faire ?

Avec les opérations et les nombres proposés, je dois trouver le nombre juste.

EXEMPLE

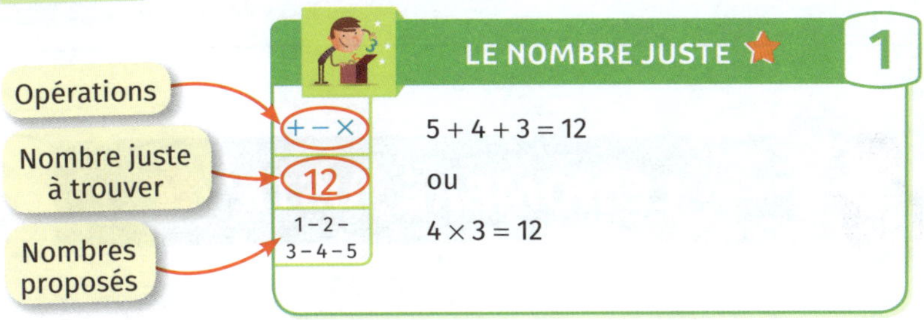

ATTENTION

- **Je ne peux utiliser les nombres proposés qu'une seule fois.**
- **Tous les nombres et les opérations proposés ne sont pas forcément à utiliser.**

LE NOMBRE JUSTE ★ 1

+ − ×

12

1 – 2 – 3 – 4 – 5

LE NOMBRE JUSTE ★ 2

+ − ×

20

2 – 5 – 7 – 8 – 10

LE NOMBRE JUSTE ★ 3

+ − ×

17

4 – 8 – 5 – 5 – 10

LE NOMBRE JUSTE ★ 4

+ − ×
25
5 − 7 − 8 − 10 − 10

LE NOMBRE JUSTE ★ 5

+ − ×
23
1 − 2 − 4 − 6 − 8 - 2

LE NOMBRE JUSTE ★ 6

+ − ×
28
10 − 25 − 5 − 2 − 1

LE NOMBRE JUSTE ★ 7

+ − ×

39

25 – 25 – 5 – 10 – 1

LE NOMBRE JUSTE ★ 8

+ − ×

47

20 – 5 – 2 – 20 – 1

LE NOMBRE JUSTE ★ 9

+ − ×

27

25 – 10 – 7 – 8 – 5

Prénom : ....

TOUT-EN-ROND ★★

1 2 3 4 5 6

7 8 9 10 11

Comment faire ?

1. Je reproduis les modèles proposés dans mon cahier ou sur une feuille blanche.
2. Si je n'ai pas la mesure, je reporte celle du fichier avec mon compas.
3. Quand les cercles ou les demi-cercles sont numérotés, je dois les faire dans cet ordre.
4. Je peux recommencer plusieurs fois, jusqu'à ce que le dessin soit comme le modèle.

Pour faire un cercle, la pointe du compas est fixée sur le point qui est le centre du cercle.

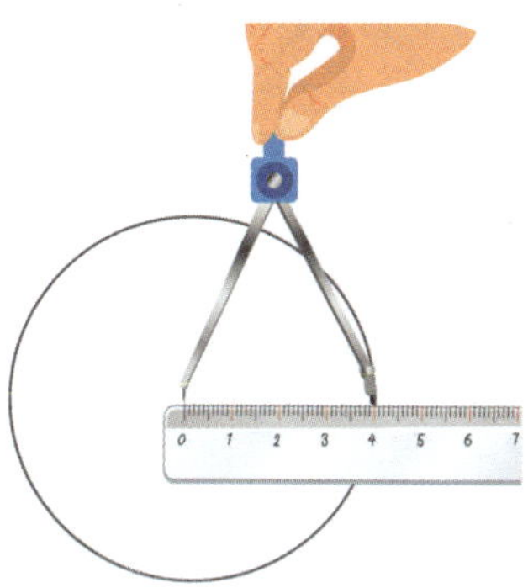

TOUT-EN-ROND

1

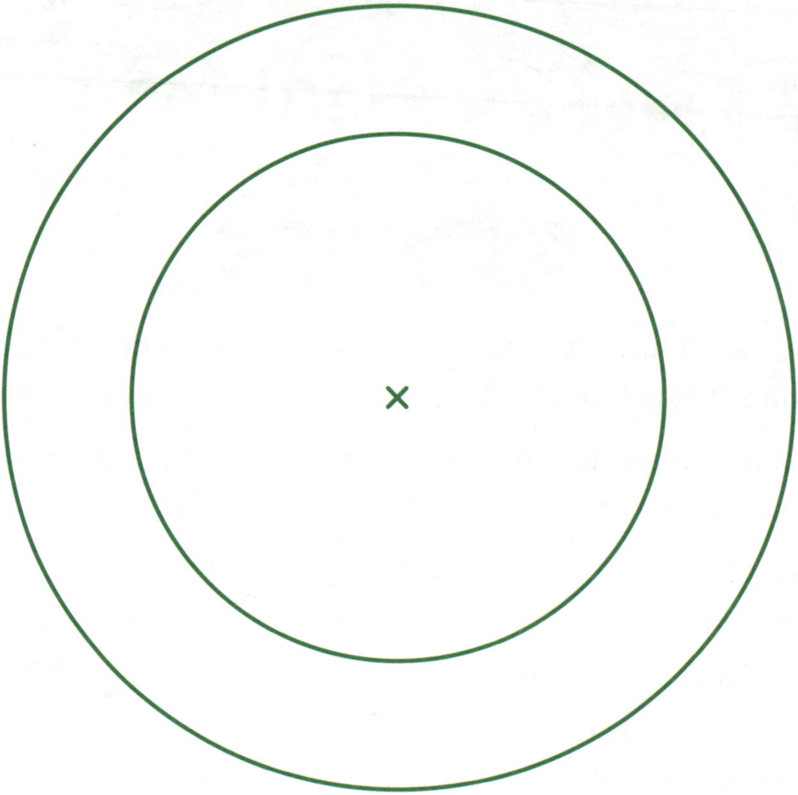

TOUT-EN-ROND ★★

2

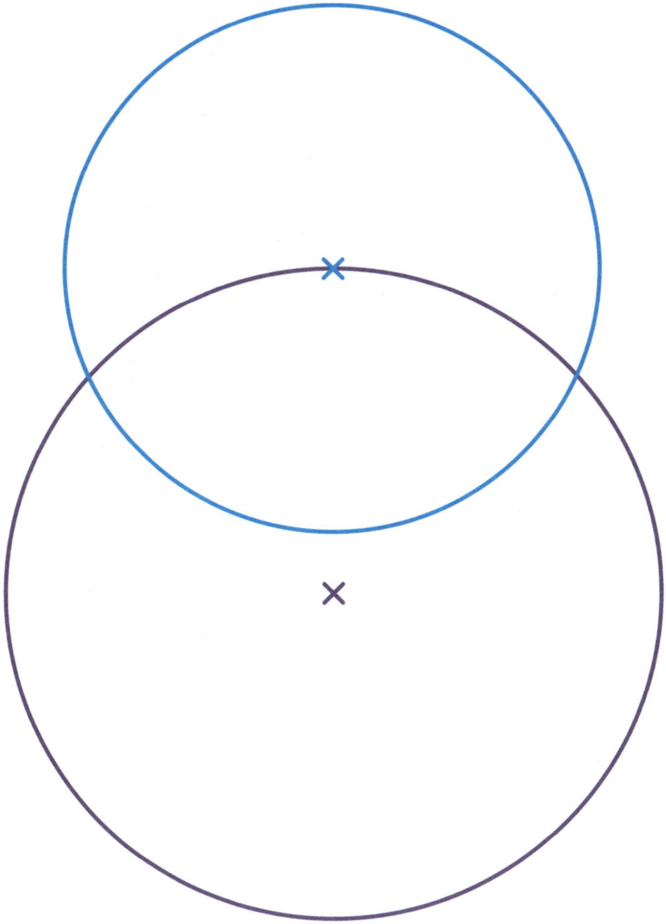

TOUT-EN-ROND ★★ 3

Attention, le modèle n'est pas en vraie grandeur.
Utilise les mesures indiquées.

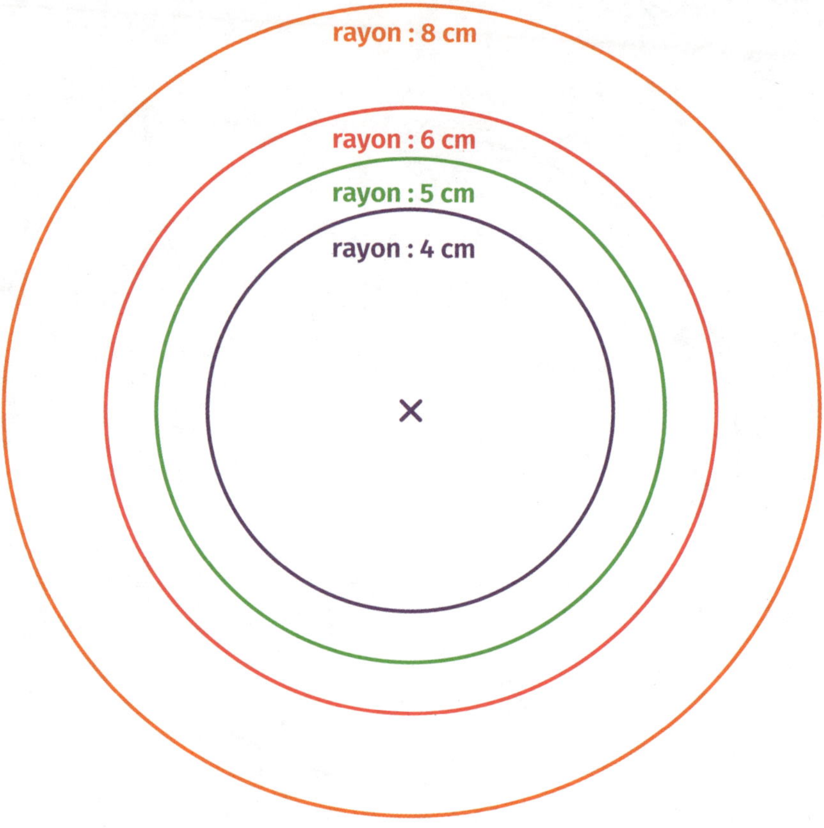

TOUT-EN-ROND ★★

4

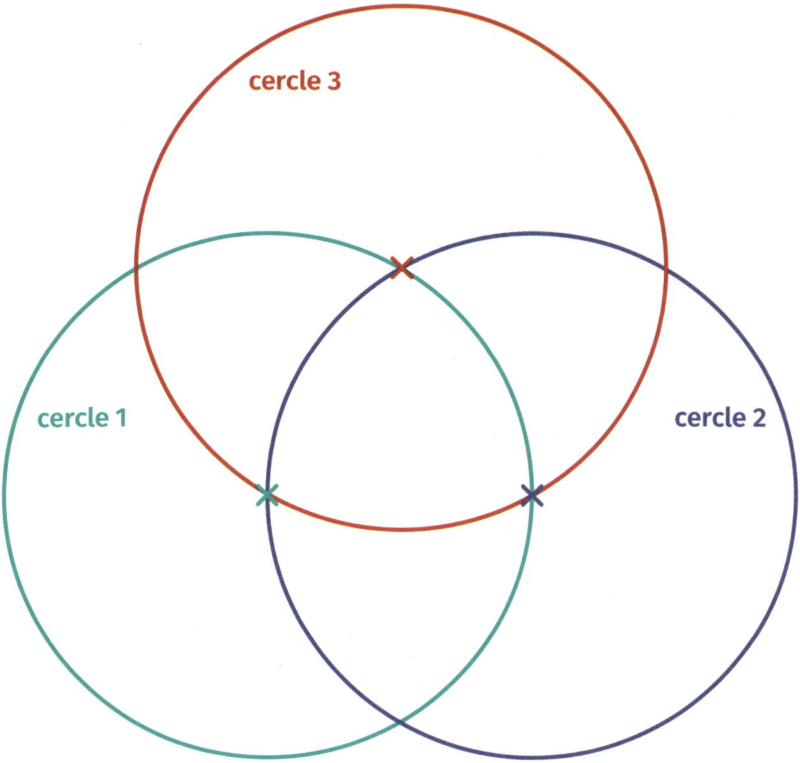

TOUT-EN-ROND ★★

5

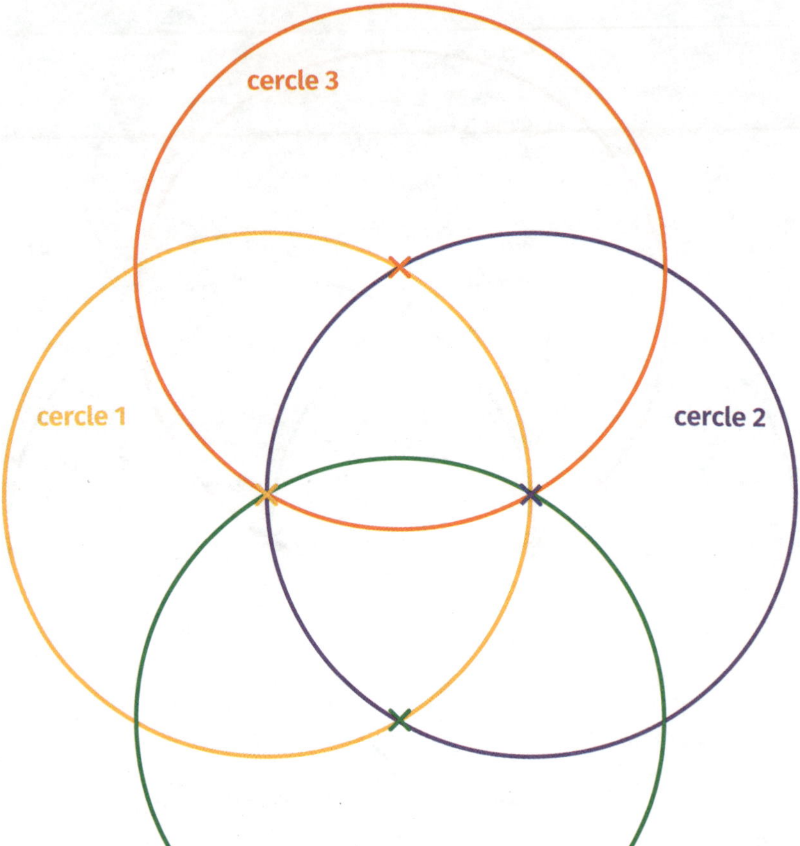

TOUT-EN-ROND ★★ 6

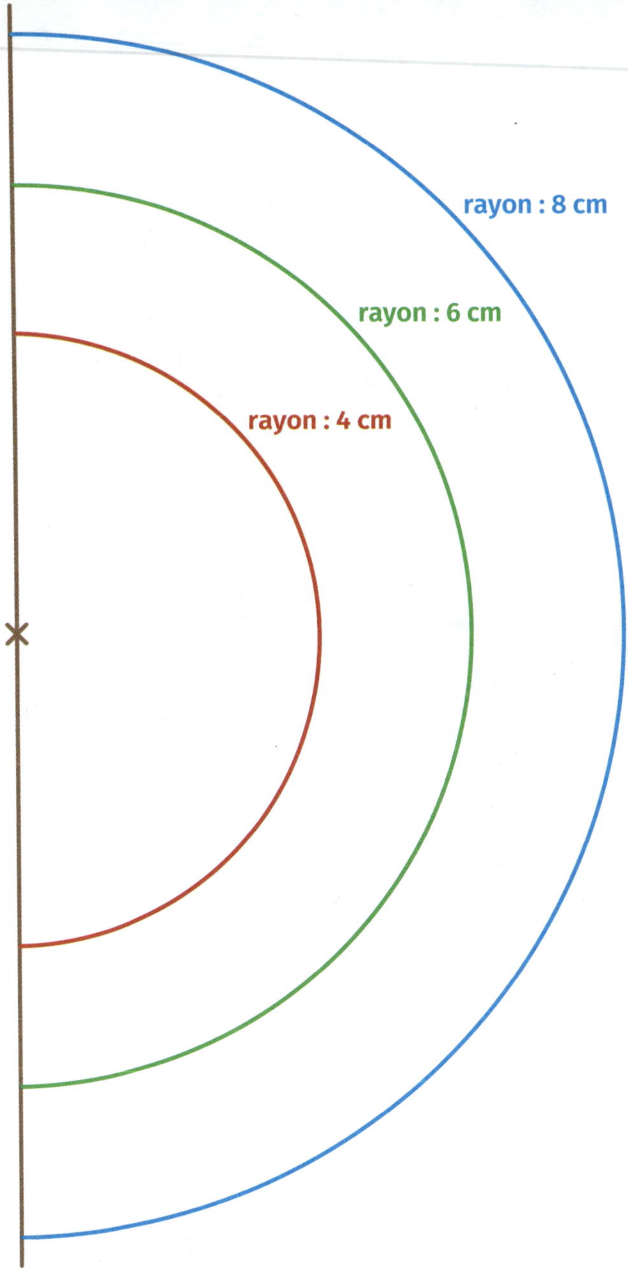

TOUT-EN-ROND ★★

7

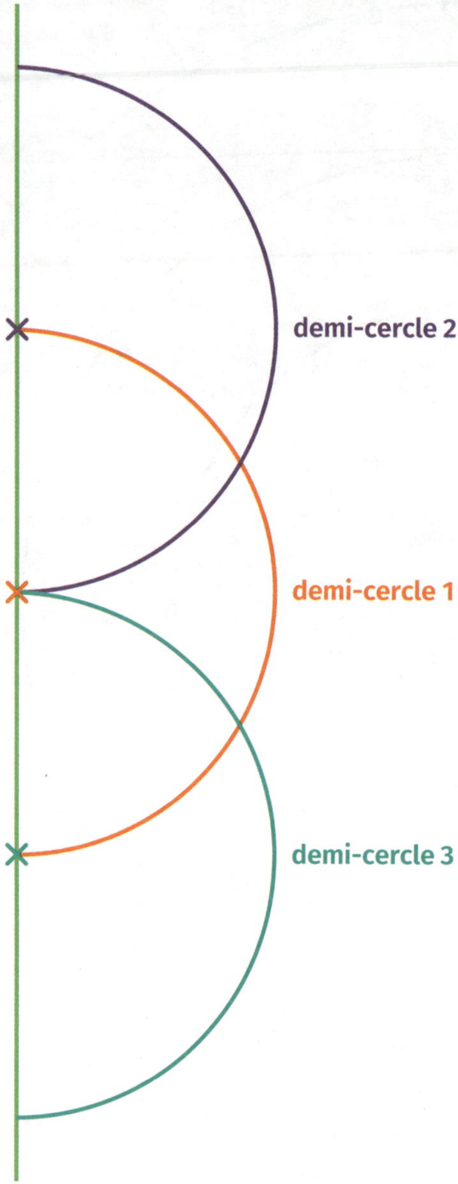

TOUT-EN-ROND ★★

8

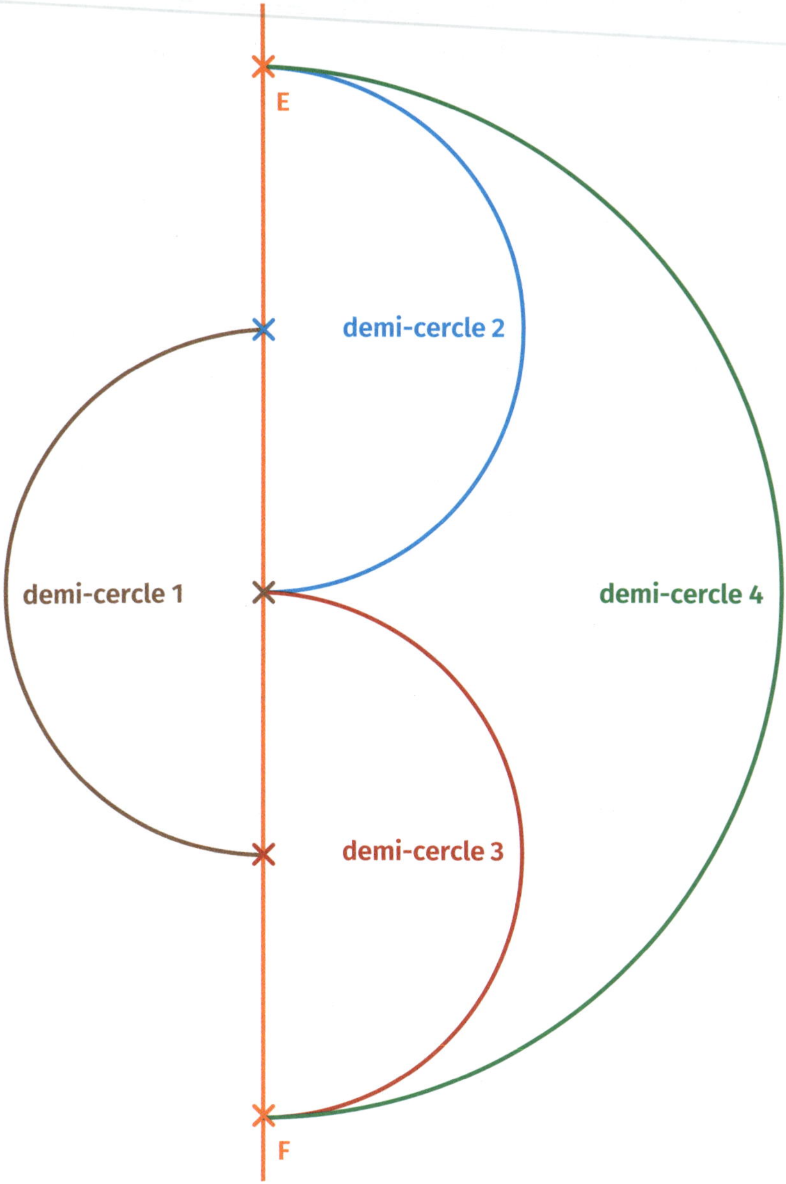

TOUT-EN-ROND ★★

Attention, le modèle n'est pas en vraie grandeur.
Utilise les mesures indiquées.

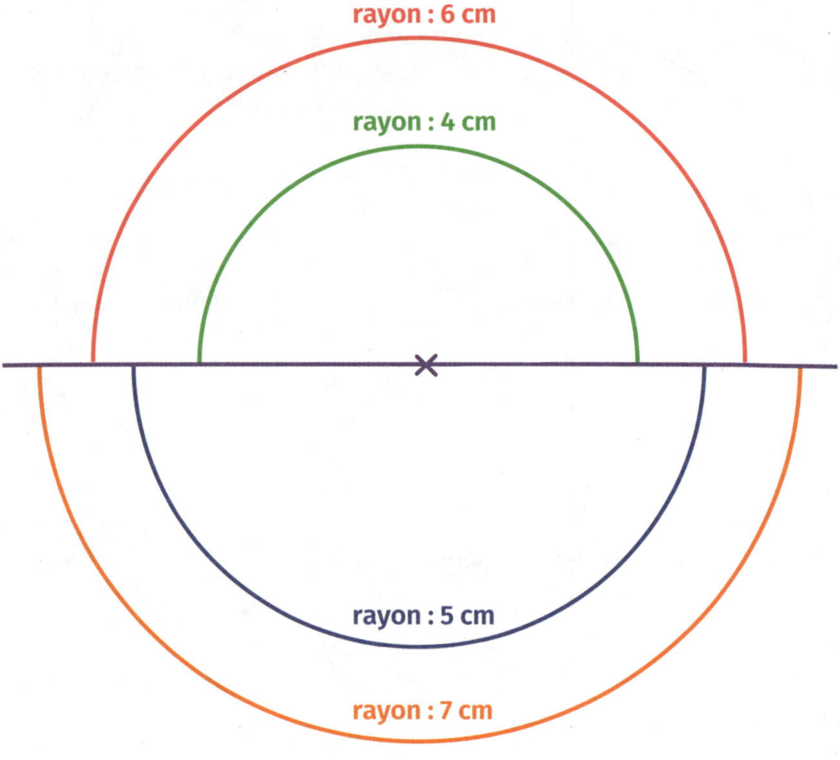

TOUT-EN-ROND ★★

10

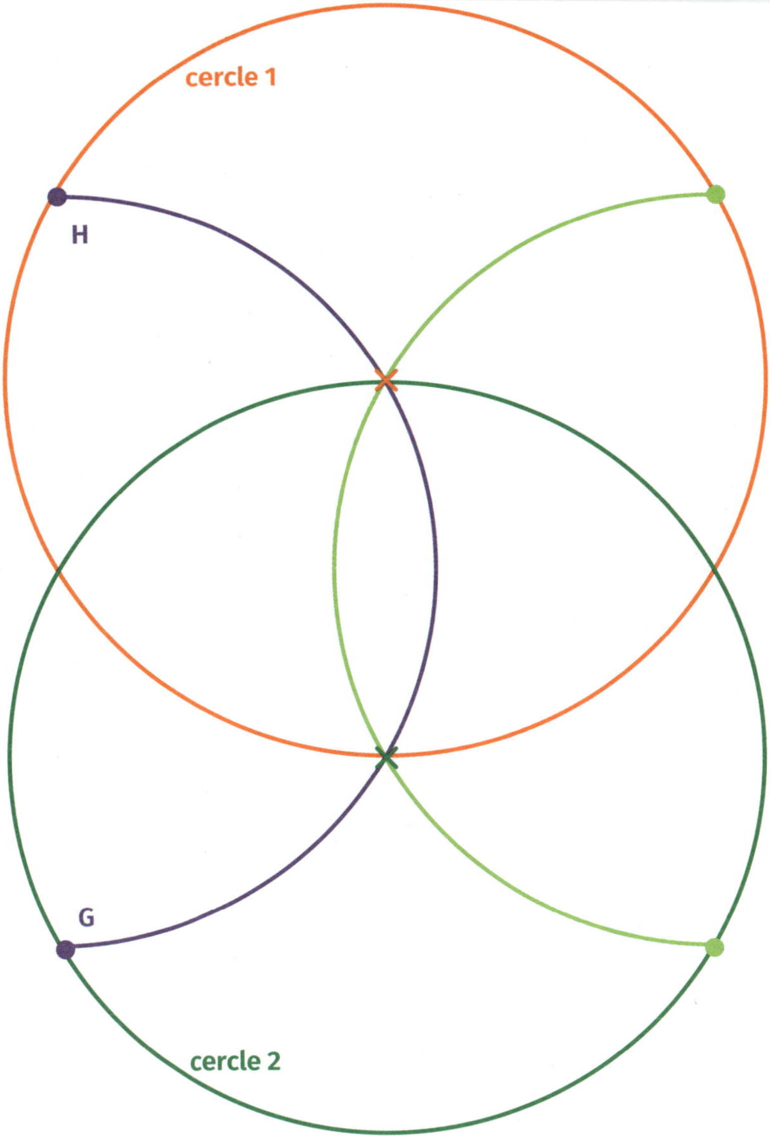

TOUT-EN-ROND ★★

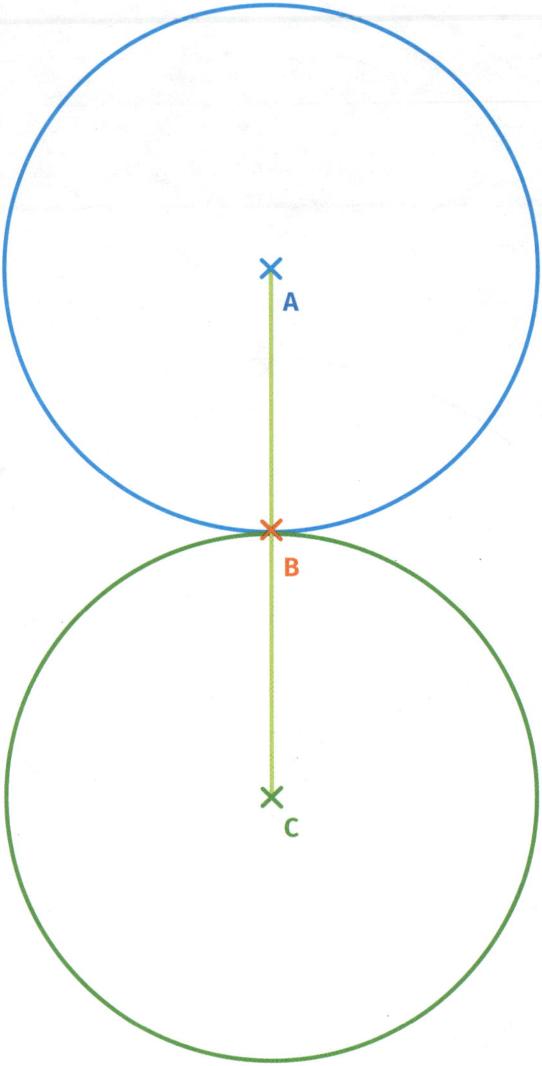

Prénom : ....

CARTE AU TRÉSOR ★

1	2	3	4	5
6	7	8	9	10
11	12	13	14	15
16	17	18	19	20

Comment faire ?

1. Je prends la carte de France dans ma pochette.
2. Je suis les différentes étapes en effectuant les tracés sur la carte, avec **un crayon, une règle, un compas** et **une équerre**.
3. Je note la ville où se cache le trésor.

CARTE AU TRÉSOR ★ 1

1. Trace le segment [AD].
2. Trace le segment [IC].
3. Entoure la ville la plus proche de l'endroit où se croisent les deux segments.

La ville au trésor est : ....

CARTE AU TRÉSOR ★ 2

1. Trace le segment [JE].
2. Trace le segment [BF].
3. Entoure la ville la plus proche de l'endroit où se croisent les deux segments.

La ville au trésor est : ....

CARTE AU TRÉSOR ★ 3

1. Trace le segment [AF].
2. Trace le segment [IC].
3. Trace le segment [BG].
4. Les trois segments forment un triangle. Entoure la ville à l'intérieur de ce triangle.

La ville au trésor est : ....

CARTE AU TRÉSOR ★ 4

1. Trace le segment [BG].
2. Trace le segment [GC].
3. Trace le segment [FJ].
4. Les trois segments forment un triangle. Entoure la ville à l'intérieur de ce triangle.

La ville au trésor est : ....

CARTE AU TRÉSOR ★ 5

1. Trace le segment [FJ].
2. Trace le segment [JG].
3. Trace le segment [CH].
4. Les trois segments forment un triangle. Entoure la ville à l'intérieur de ce triangle.

La ville au trésor est : ....

CARTE AU TRÉSOR ★ 6

1. Trace le segment [GC].
2. Trace le segment [HE].
3. Trace le segment [AF]
4. Les trois segments forment un triangle. Dans ce triangle, entoure la ville la plus éloignée de la mer.

La ville au trésor est : ....

CARTE AU TRÉSOR ★ 7

1. Trace le segment [HB].
2. Trace le segment [BI].
3. Trace le segment [AF].
4. Les trois segments forment un triangle. Dans ce triangle, entoure la ville la plus proche de la mer.

La ville au trésor est : ....

CARTE AU TRÉSOR ★ 8

1. Trace le segment [GJ].
2. Trace le segment [HB].
3. Les deux segments se coupent en un nouveau point que tu appelles Z.
4. Trace le segment [ZD].
5. Le segment [ZD] passe très près d'une ville.

La ville au trésor est : ....

CARTE AU TRÉSOR ★ 9

1. Trace les segments [BF] et [HC].
2. Les deux segments se coupent en un nouveau point que tu appelles W.
3. Trace les segments [AW] et [BG].
Ils se coupent près d'une grande ville.

La ville au trésor est : ....

CARTE AU TRÉSOR ★ 10

1. Trace les segments [JF] et [AG].

2. Les deux segments se coupent au point O.
Trace le cercle de centre O et de rayon 2 cm.

3. Il y a deux villes dans le cercle. Entoure la ville la plus au sud.

La ville au trésor est : ....

CARTE AU TRÉSOR ★ 11

1. Trace le segment [DA].

2. Trace le cercle de centre D et de rayon 4 cm.

3. Colorie l'intérieur du cercle qui se trouve en France.

4. Entoure la ville à l'intérieur de la partie coloriée qui se trouve le plus au nord.

La ville au trésor est : ....

CARTE AU TRÉSOR ★ 12

Invente un programme avec Brest comme ville au trésor.

1. ....

....

....

....

CARTE AU TRÉSOR ★ 13

1. Trace le segment [DH] et son milieu que tu appelles M.
2. Trace le segment [BG].
3. Trace la perpendiculaire à [DH] qui passe par le point M.
4. Cette perpendiculaire coupe le segment [BG]. Entoure la ville juste à droite de ce point.

La ville au trésor est : ....

CARTE AU TRÉSOR ★ 14

1. Trace le segment [EI].
2. Trace le cercle de centre E et de rayon 7 cm. Le cercle coupe le segment [EI]. Ce nouveau point s'appelle K.
3. Trace la perpendiculaire à [EI] qui passe par le point K.
4. Entoure la ville la plus proche de cette perpendiculaire et la plus au sud.

La ville au trésor est : ....

CARTE AU TRÉSOR ★ 15

1. Trace les segments [EH] et [IE].
2. Trace les milieux de ces deux segments. Trace la droite qui passe par ces deux milieux.
3. Cette droite traverse ou passe près de plusieurs villes. Entoure celle qui est le plus au nord.

La ville au trésor est : ....

CARTE AU TRÉSOR ★ 16

Invente un programme avec Angers comme ville au trésor.

1. ....

....

....

....

CARTE AU TRÉSOR ★ 17

1. Trace le segment [BF]. Trace son milieu et appelle-le M.
2. Trace le segment [BG].
3. Trace le cercle de centre M et de rayon 5 cm. Il coupe le segment [BG] tout près d'une ville.

La ville au trésor est : ....

CARTE AU TRÉSOR ★ 18

1. Trace les segments [HD] et [AF]. Les deux segments se coupent en un point que tu appelles O.
2. Trace le segment [ID]. Il coupe le segment [AF] en un point que tu appelles P.
3. Trace les segments [CG] et [JE]. Les deux segments se coupent en un point que tu appelles Q.
4. Trace le triangle OPQ. Dans ce triangle, se trouve une ville.

La ville au trésor est : ....

CARTE AU TRÉSOR ★ 19

Choisis la ville que tu veux.
Invente un programme de construction qui donne cette ville comme ville au trésor.
Attention, pour trouver cette ville, il faudra dessiner un triangle, comme dans la carte au trésor 18.

1. ....

....

....

....

....

....

....

....

CARTE AU TRÉSOR ★ 20

Suis le programme de construction de la carte au trésor 19 inventée par un de tes camarades et trouve la ville où se cache le trésor.

La ville au trésor est : ....

Prénom : ....

Carte au trésor

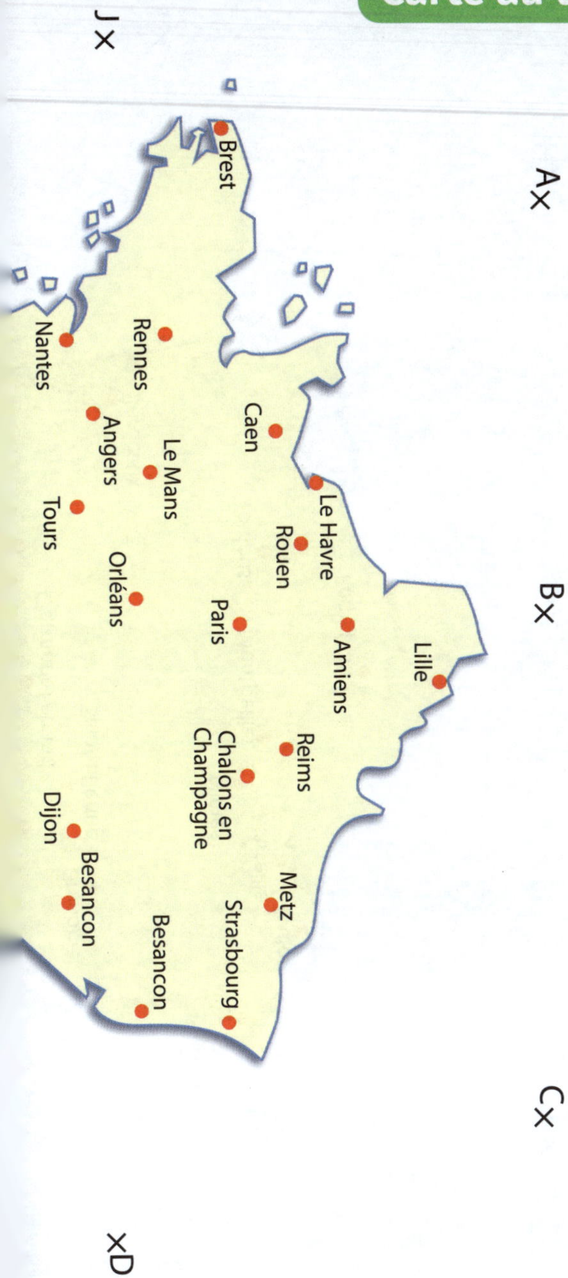

Clermont-Ferrand
Grenoble
Saint-Etienne
Bordeaux
I
E
Nimes
Nice
Toulouse
Montpellier
Marseille
Toulon
Perpignan
H
G
F

A
B
C
D
J
Lille
Amiens
Le Havre
Rouen
Caen
Brest
Reims
Metz
Strasbourg
Paris
Chalons en Champagne
Le Mans
Rennes
Orléans
Besancon
Angers
Tours
Nantes
Dijon
Besancon

Clermont-Ferrand
Saint-Etienne
Grenoble
Bordeaux
I ×
× E
Nimes
Nice
Toulouse
Montpellier
Marseille
Toulon
Perpignan
H×
G×
F×

Prénom : ....

PYRAMIDE ★★★

1	2	3	4	5
6	7	8	9	10
11	12	13	14	15
16	17			

Comment faire ?

1 Le nombre de la case au-dessus des deux autres cases est égal à la somme des deux nombres.

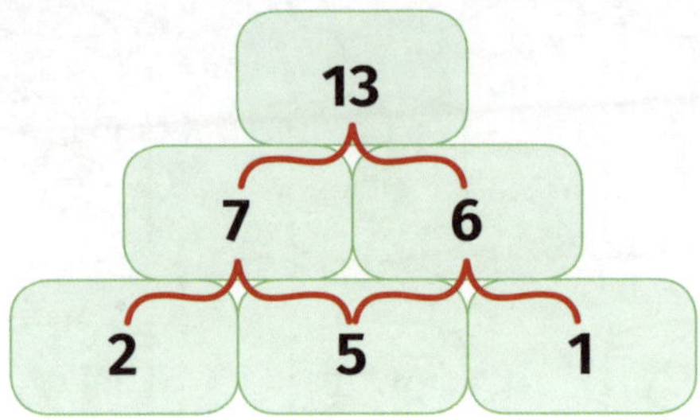

2 Pour trouver le nombre manquant, j'utilise la règle de la pyramide.

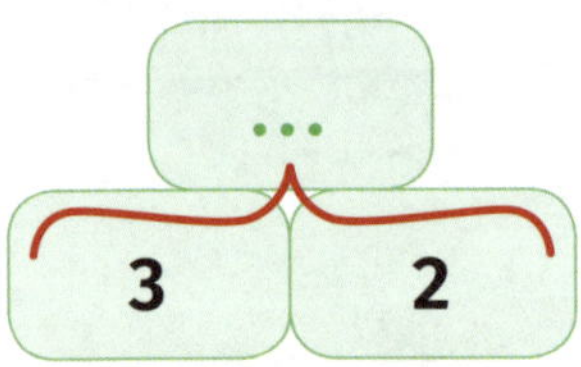

3 + 2 = ...

3 + 2 = **5**

Donc **5** est le nombre qui manque.

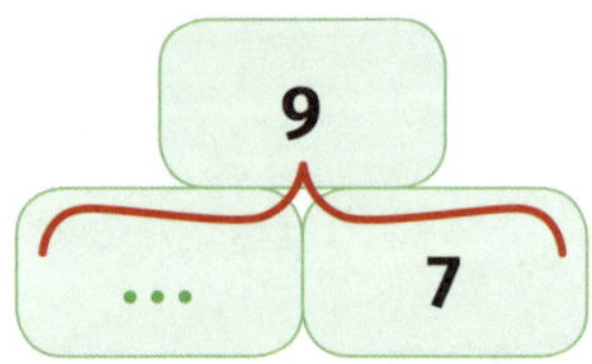

... + 7 = 9

2 + 7 = 9

Donc **2** est le nombre qui manque.

 PYRAMIDE ★★★ 1

68
34 | 34
... | 16 | 18
... | 8 | ... | ...
6 | 4 | ... | 4 | 6

 PYRAMIDE ★★★ 2

96
... | ...
24 | ... | 24
... | 12 | 12 | 12
... | ... | 6 | ... | 6

 PYRAMIDE ★★★ 3

...
... | 17
... | 9 | ...
5 | 5 | ... | 4
... | 3 | ... | 2 | 2

PYRAMIDE ★★★ 4

…
40 …
19 21 …
… 11 10 6
3 … … 4 2

PYRAMIDE ★★★ 5

…
130 …
50 80 …
… 30 50 50
… … … 30 20

PYRAMIDE ★★★ 6

…
… …
140 … …
70 … … 100
… 50 … 70 30

PYRAMIDE ★★★ 7

				480				
			...		260			
		110		...		150		
	...		60		50		...	
15		...		...		25		...

PYRAMIDE ★★★ 8

				...				
			...		700			
		200		300		...		
	...		125		...		225	
25		...		75		100		...

PYRAMIDE ★★★ 9

				500				
			...		230			
		...		140		...		
	50		...		60		...	
15		...		...		15		...

PYRAMIDE ★★★ 10

720

… 420

… 180 240

… … 105 …

15 … 45 … 75

PYRAMIDE ★★★ 11

540

… 270

… 120 150

… 70 … 100

… 44 … 24 76

PYRAMIDE ★★★ 12

3 450

1 550 1 900

… 900 1 000

… 350 … …

180 120 … 320 130

PYRAMIDE ★★★ 13

3 274

1 676 | 1 598

... | 899 | 699

... | 444 | ... | ...

222 | 111 | ... | 122 | 122

PYRAMIDE ★★★ 14

340

... | 153

... | 82 | 71

... | ... | 37 | ...

33 | ... | 18 | ... | 15

PYRAMIDE ★★★ 15

...

498 | ...

226 | 272 | ...

... | 131 | 141 | 156

30 | ... | ... | 75 | 81

PYRAMIDE ★★★ 16

Essaie de faire cette pyramide en moins de 5 minutes !

...
... ...
... ...
... ...
... ...
5 6 7 8 9 10

PYRAMIDE ★★★ 17

Essaie de faire cette pyramide en moins de 5 minutes !

...
... ...
... ...
... ...
14 ... 34 ... 24
... 9 ... 29 ... 19

Prénom : ....

REPRO ★★★

1 2 3 4 5

6 7 8

Comment faire ?

1 Je prends des repères à partir des **nœuds** du quadrillage.

EXEMPLE

Je prends ce point comme repère, puis je trace le trait d'un carreau de long.

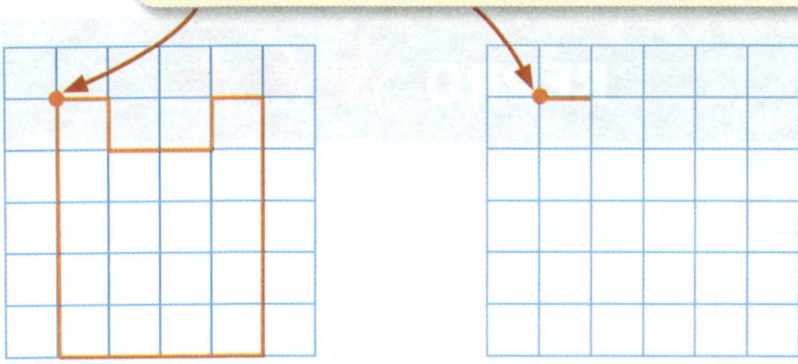

2 Je reproduis la figure.

REPRO ★★★ 1

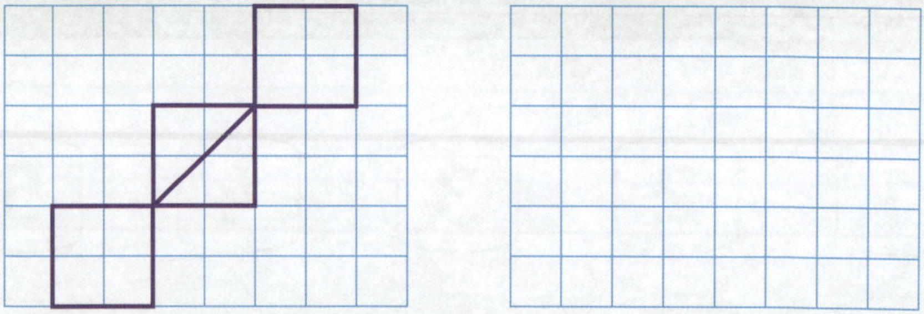

REPRO ★★★ 2

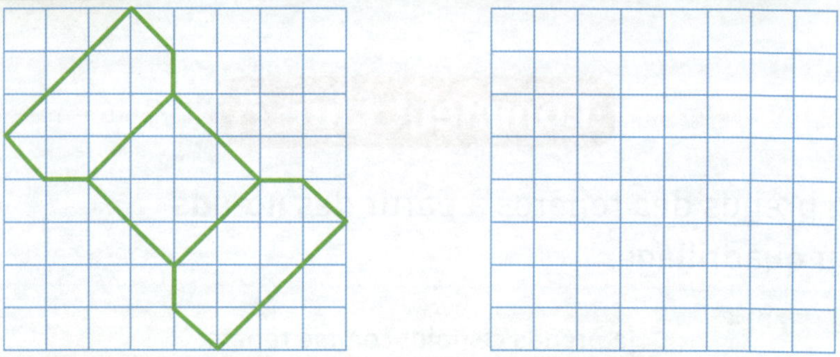

REPRO ★★★ 3

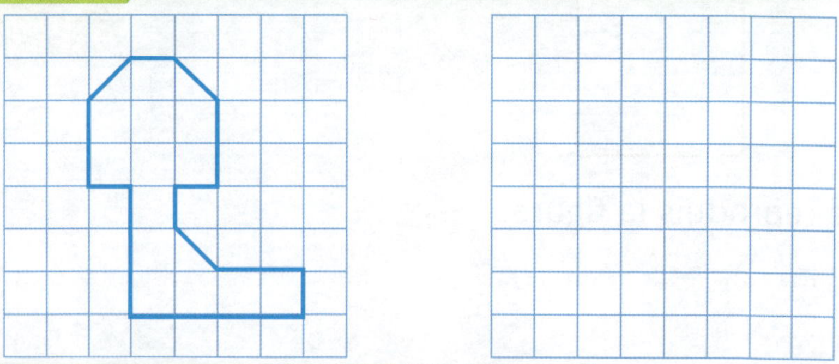

REPRO ★★★ 4

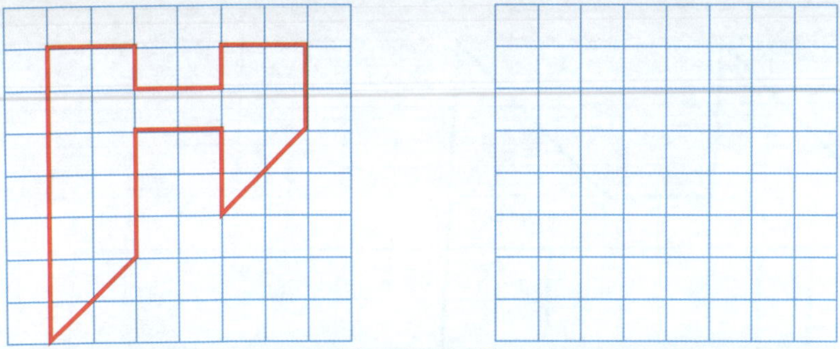

REPRO ★★★ 5

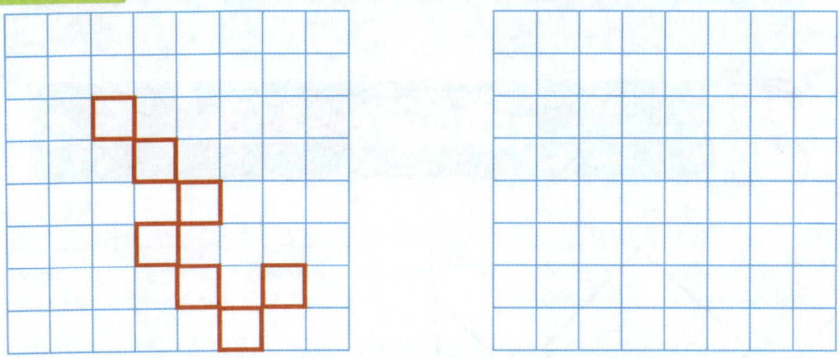

REPRO ★★★ 6

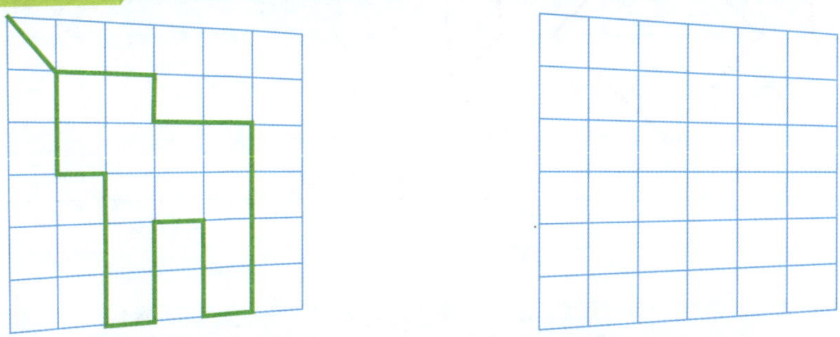

REPRO ★★★ 7

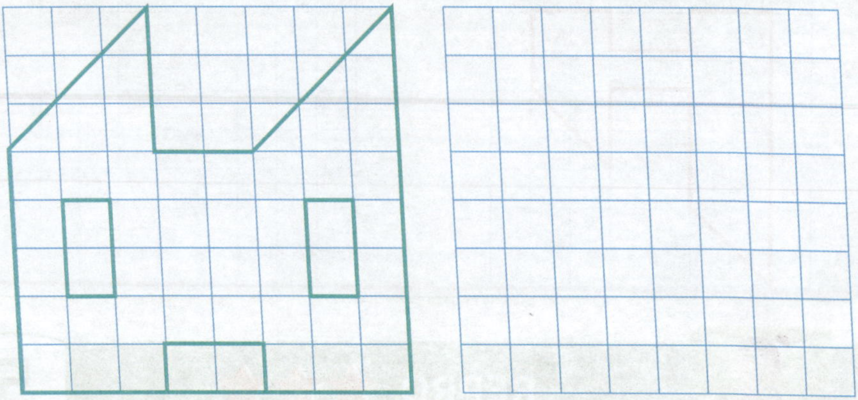

REPRO ★★★ 8

Prénom : ....

LE MIROIR ★★

1 2 3 4 5

6 7 8 9 10

11 12 13 14

Comment faire ?

Deux figures sont symétriques si, lorsque je plie le long de **l'axe de symétrie**, elles se superposent parfaitement.
C'est comme quand je regarde dans un miroir.

EXEMPLES

Une figure peut avoir **0, 1** ou **plusieurs axes de symétrie.**

LE MIROIR ★★ 1

Trace la figure symétrique par rapport à l'axe rouge.

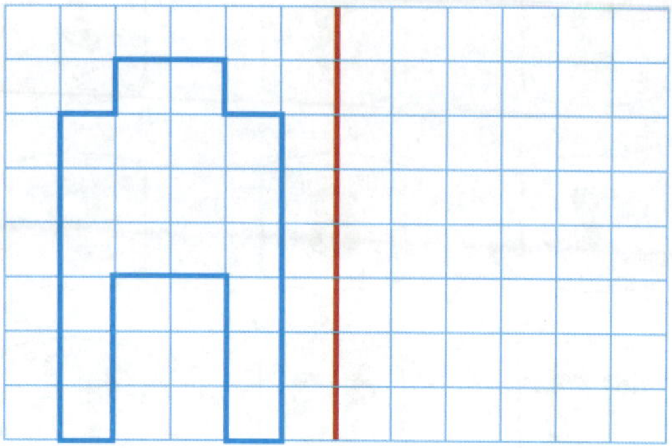

LE MIROIR ★★ 2

Trouve et **trace** en rouge les axes de symétrie.

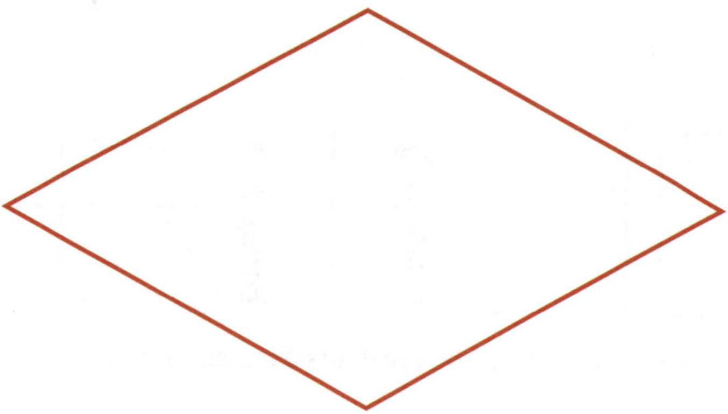

LE MIROIR ★★ 3

Trace la figure symétrique par rapport à l'axe rouge.

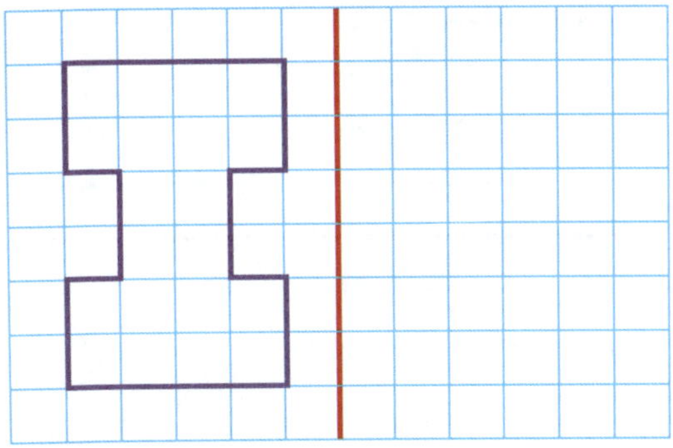

LE MIROIR ★★ 4

Trouve et **trace** en rouge l'axe de symétrie.

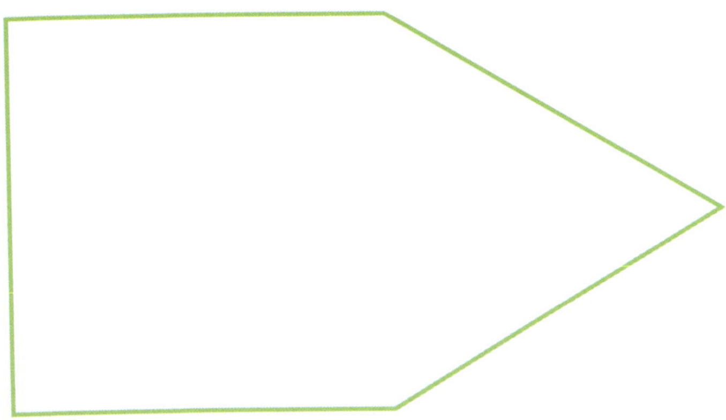

LE MIROIR ★★

5

Trace la figure symétrique par rapport à l'axe rouge.

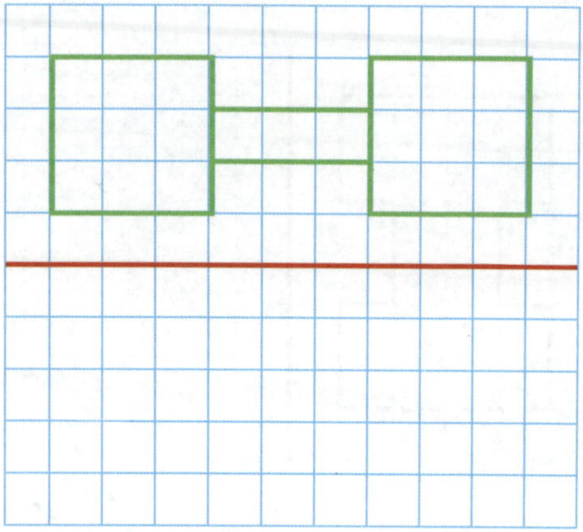

LE MIROIR ★★

6

Trouve et **trace** en rouge les axes de symétrie.

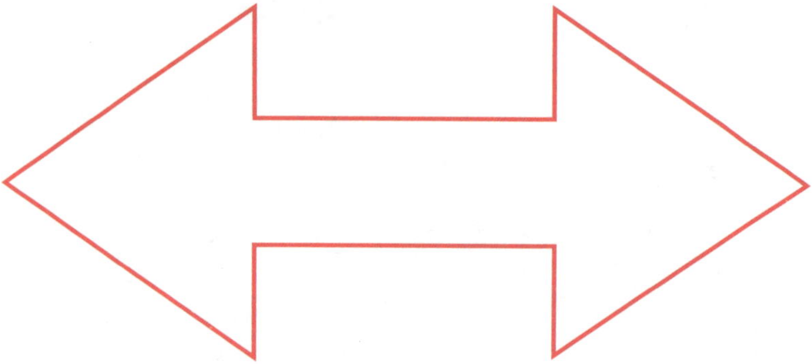

LE MIROIR ★★ 7

Trace la figure symétrique par rapport à l'axe rouge.

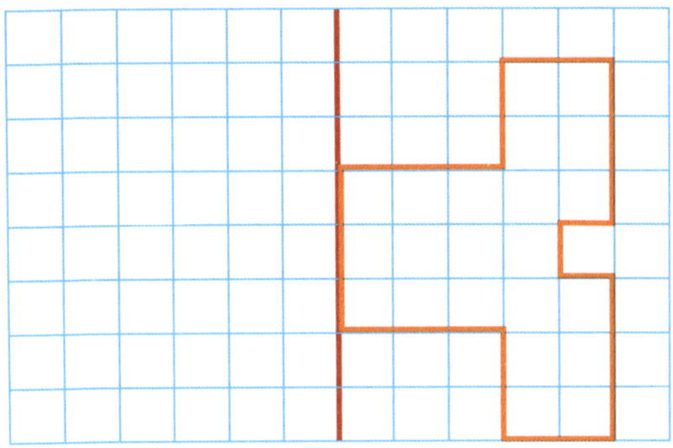

LE MIROIR ★★ 8

Trace la figure symétrique par rapport à l'axe rouge.

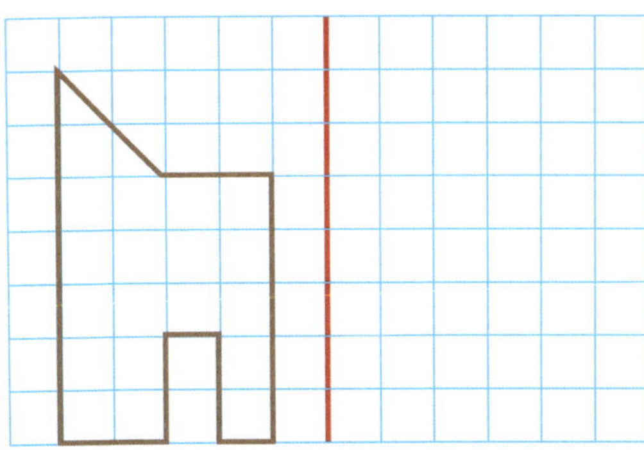

LE MIROIR ★★ 9

Trouve et **trace** en rouge les axes de symétrie.

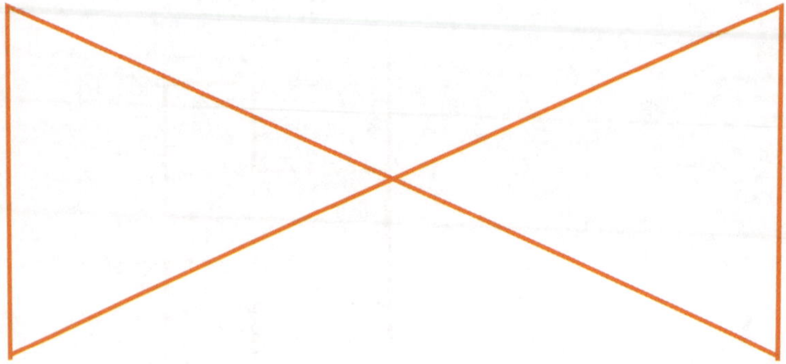

LE MIROIR ★★ 10

Trace la figure symétrique par rapport à l'axe rouge.

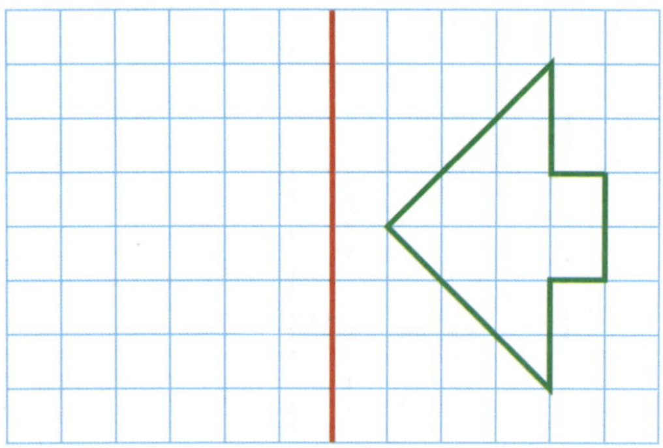

LE MIROIR ★★

11

Trouve et **trace** en rouge les axes de symétrie.

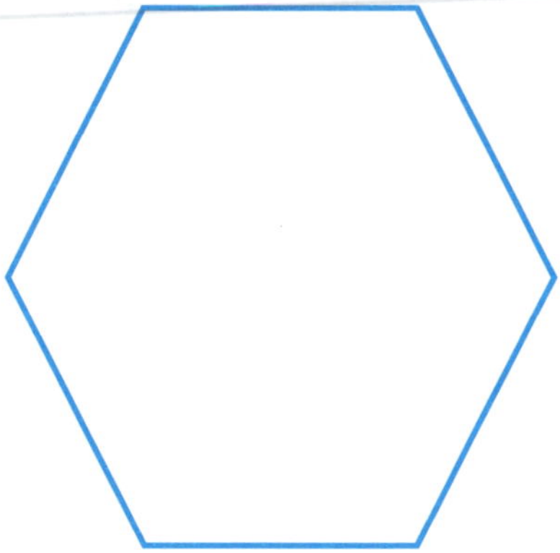

LE MIROIR ★★

12

Trace la figure symétrique par rapport à l'axe rouge.

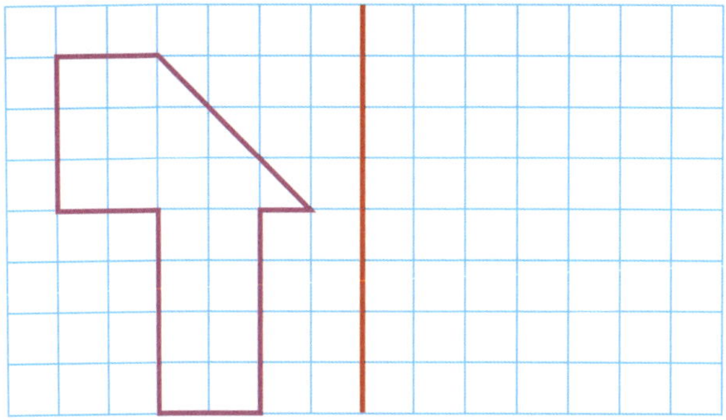

LE MIROIR ★★

13

Trace la figure symétrique par rapport à l'axe rouge.

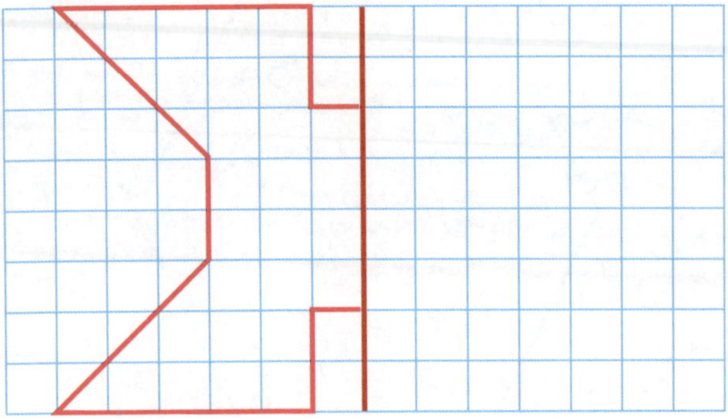

LE MIROIR ★★

14

Trouve et **trace** en rouge les axes de symétrie.

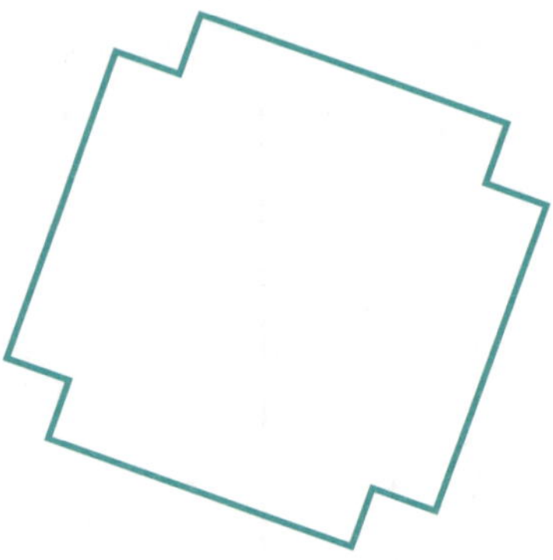

Prénom : ....

HORODATOR ★★★

1	2	3	4	5	6
7	8	9	10	11	12
13	14	16	15	17	18
19	20	21			

Comment faire ?

L'horloge donne l'heure grâce à deux aiguilles. La petite aiguille indique les heures. La grande aiguille indique les minutes.

EXEMPLES

Il est **4 heures**.

Il est **7 h 30**.

Il est **8 h 15**.

HORODATOR 1

Quelle heure est-il ?

Il est ... h ... min.

Il est ... h ... min.

Il est ... h ... min.

HORODATOR 2

Quelle heure est-il ?

Il est ... h ... min.

Il est ... h ... min.

Il est ... h ... min.

HORODATOR 3

Quelle heure est-il ?

Il est ... h ... min.

Il est ... h ... min.

Il est ... h ... min.

HORODATOR ★★★ 4

Quelle heure sera-t-il si on ajoute 1 heure ?

Il sera ... h ... min.

HORODATOR ★★★ 5

Complète les horloges.

Il est 8 h 45.

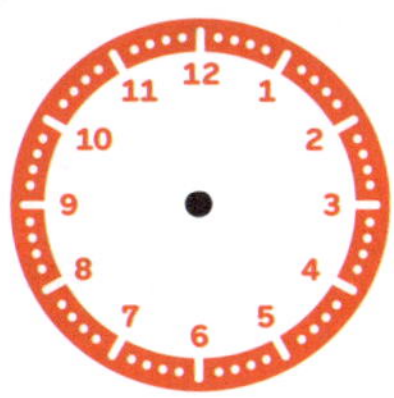

Il est 4 h 30.

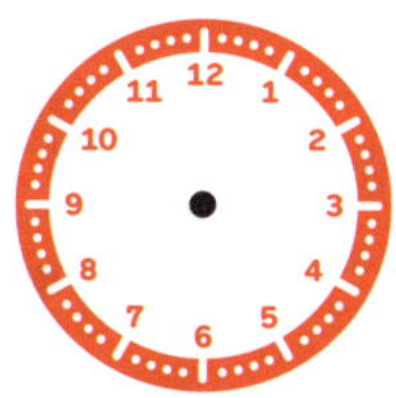

Il est 2 h 15.

HORODATOR ★★★ 6

Quelle heure est-il ?

Il est ... h ... min.

Il est ... h ... min.

Il est ... h ... min.

HORODATOR ★★★ 7

Quelle heure est-il ?

Il est ... h ... min. Il est ... h ... min. Il est ... h ... min.

HORODATOR ★★★ 8

Quelle heure sera-t-il si on ajoute 1/2 heure ?

Il sera ... h ... min.

HORODATOR ★★★ 9

Quelle heure est-il ?

Il est ... h ... min. Il est ... h ... min. Il est ... h ... min.

HORODATOR ★★★ 10

Quelle heure est-il ?

Il est ... h ... min.

Il est ... h ... min.

Il est ... h ... min.

HORODATOR ★★★ 11

Complète les horloges.

Il est 4 h 40.

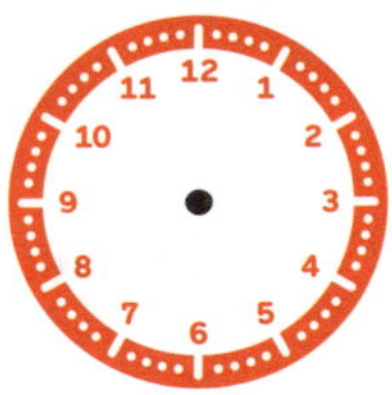

Il est 3 h 20.

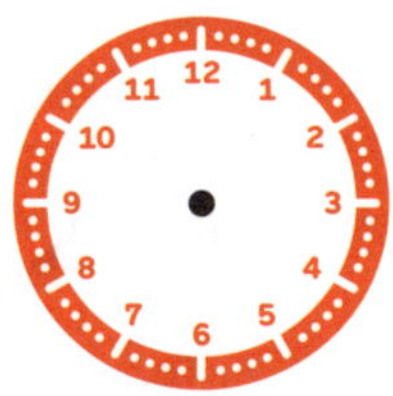

Il est 5 h 50.

HORODATOR ★★★ 12

Quelle heure sera-t-il si on ajoute 1 h 15 ?

Il sera ... h ... min.

HORODATOR ★★★ 13

Quelle heure est-il ?

Il est ... h ... min. Il est ... h ... min. Il est ... h ... min.

HORODATOR ★★★ 14

Quelle heure sera-t-il si on ajoute 1 h 15 ?

Il sera ... h ... min.

HORODATOR ★★★ 15

Quelle heure sera-t-il si on ajoute 1 h 45 ?

Il sera ... h ... min.

HORODATOR ★★★ 16

Quelle heure sera-t-il si on ajoute 4 h 45 ?

Il sera ... h ... min.

HORODATOR ★★★ 17

Quelle heure sera-t-il si on ajoute 5 h 45 ?

Il sera ... h ... min.

HORODATOR ★★★ 18

Quelle heure sera-t-il si on ajoute 2 h 50 ?

Il sera ... h ... min.

HORODATOR ★★★ 19

Quelle heure sera-t-il si on enlève 2 h 45 ?

Il sera ... h ... min.

HORODATOR ★★★ 20

Quelle heure sera-t-il si on enlève 1 h 10 ?

Il sera ... h ... min.

HORODATOR ★★★ 21

Quelle heure sera-t-il si on enlève 2 h 10 ?

Il sera ... h ... min.

Prénom : ....

LA BALANCE ★★★

1	2	3	4	5
6	7	8	9	10
11	12			

Comment faire ?

1 Je trouve les objets que je dois peser.

2 Je place l'objet indiqué sur la balance et je le pèse. J'écris combien il pèse, sans oublier **l'unité**.

LA BALANCE ★★★ 1

L'objet **A** pèse ....

LA BALANCE ★★★ 2

L'objet **B** pèse ....

LA BALANCE ★★★ 3

L'objet **C** pèse ....

LA BALANCE ★★★ 4

L'objet **D** pèse ....

LA BALANCE ★★★ 5

L'objet **E** pèse ....

LA BALANCE ★★★ 6

L'objet **F** pèse ....

LA BALANCE ★★★ 7

L'objet **G** pèse ....

LA BALANCE ★★★ 8

L'objet **H** pèse ....

LA BALANCE ★★★ 9

L'objet **I** pèse ....

LA BALANCE ★★★ 10

L'objet **J** pèse ....

LA BALANCE ★★★ 11

L'objet **K** pèse ....

LA BALANCE ★★★ 12

L'objet **L** pèse ....

Prénom : ....

CODE/DÉCODE ★★★

1	2	3	4	5
6	7	8	9	10
11	12	13	14	15
16				

Comment faire ?

Code

Il faut **coder** le chemin.

1. Je prends le matériel. Je pose le chien, la niche et la viande sur les cases indiquées.
2. Je cherche le trajet pour que le chien aille sur la case de la viande puis dans sa niche.
   Plusieurs chemins sont possibles.

EXEMPLE

Le chemin peut être :
→ ↑ ↑
que tu vas écrire :
→ $2 \times$ ↑

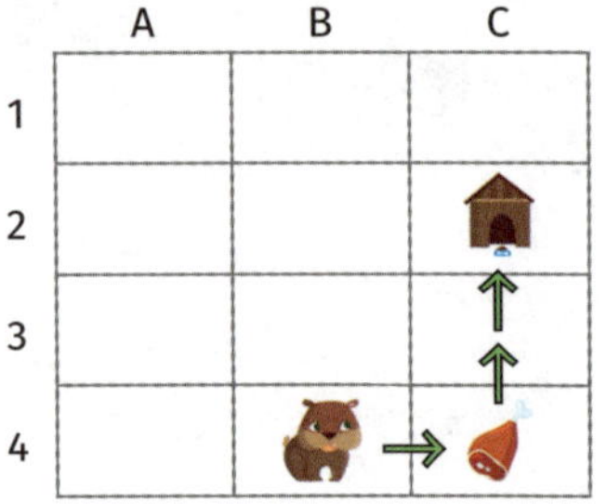

Décode

Il faut **décoder** le chemin.

1. Je prends la grille complétée « Décode ».
2. Je me place sur l'animal indiqué (Médor, Lulu, Minou ou Tic).
3. Je décode le chemin et j'entoure la case où j'arrive parmi les trois propositions.

CODE ★★★ 1

 ▶ (A ; 1)  ▶ (C ; 3)  ▶ (D ; 4)

Chemin :

DÉCODE ★★★ 2

Entoure l'endroit où arrive Médor.

	3 × →	2 × ↑

CODE ★★★ 3

 ▶ (B ; 1)  ▶ (A ; 3)  ▶ (A ; 5)

Chemin :

DÉCODE ★★★ 4

Entoure l'endroit où arrive Médor.

	2 × →	3 × ↓

CODE ★★★ 5

 ▶ (B ; 3)

 ▶ (E ; 6)

 ▶ (D ; 2)

Chemin :

DÉCODE ★★★ 6

Entoure l'endroit où arrive Lulu.

	3 × →	4 × ↑	2 × ←

CODE ★★★ 7

 ▶ (C ; 4)  ▶ (B ; 2)  ▶ (E ; 5)

Chemin :

DÉCODE ★★★ 8

Entoure l'endroit où arrive Lulu.

	2 × →	3 × ↑	→

CODE ★★★ 9

 ▶ (F ; 3)  ▶ (E ; 6)  ▶ (C ; 3)

Chemin :

DÉCODE ★★★ 10

Entoure l'endroit où arrive Lulu.

	→	3 × ↑	4 × →	↑

CODE ★★★ 11

 ▶ (E ; 1)  ▶ (C ; 3)  ▶ (F ; 6)

Chemin :

DÉCODE ★★★ 12

Entoure l'endroit où arrive Tic.

	4 × ←	2 × ↑	3 × →

CODE ★★★ 13

 ▶ (E ; 6)  ▶ (C ; 3)  ▶ (A ; 1)

Chemin :

DÉCODE ★★★ 14

Entoure l'endroit où arrive Médor.

	3 × →	2 × ↑	3 × →	↑

CODE ★★★ 15

 ▶ (E ; 4)  ▶ (C ; 2)  ▶ (F ; 5)

Chemin :

CODE/DÉCODE ★★★ 16

Tu vas apprendre à utiliser un **code César**, afin de pouvoir écrire et décoder un message secret.

Principe

- Pour écrire un message secret, on prend l'alphabet dans l'ordre et on remplace chaque lettre du texte original par la lettre qui arrive 3 lettres après.

A est alors remplacé par D, etc.

A → D	**E** → …	**I** → …	**M** → …	**Q** → …	**U** → …
B → E	**F** → …	**N** → …	**J** → …	**R** → …	**V** → …
C → F	**G** → …	**K** → …	**O** → …	**S** → …	
D → …	**H** → …	**L** → …	**P** → …	**T** → …	

- Pour décoder un message, il faut remplacer dans l'autre sens et prendre la lettre qui arrive 3 lettres avant.

1. **Complète** le tableau ci-dessus.

2. **Écris** avec le code César le message suivant.

SUPER = _ _ _ _ _

3. **Décode** le message secret.

Eudyr ! Wx hv xq fkdpslrq !

_ _ _ _ _ ! _ _ _ _ _ _ _ _ _ _ _ _ _ _ _ !

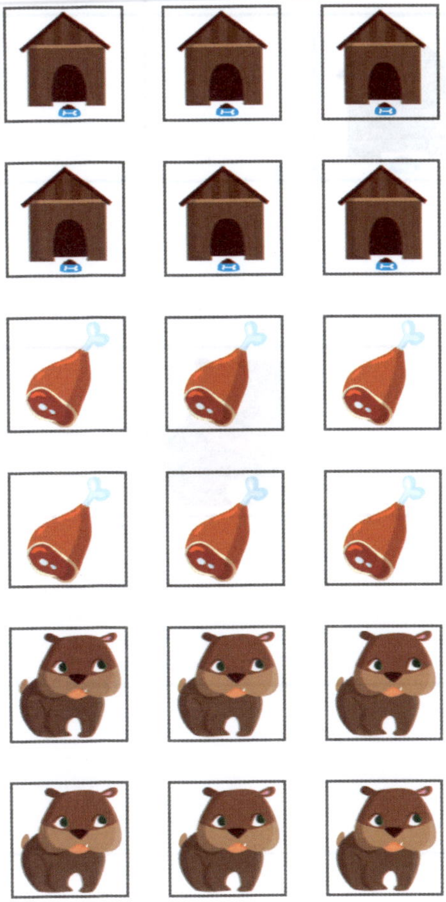

Prénom : ....

Code

	A	B	C	D	E	F	G	H
1								
2								
3								
4								
5								
6								
7								
8								

